Original en couleur
NF Z 43-120-8

Contraste insuffisant
NF Z 43-120-14

Couverture inférieure manquante

NICOLAS GOGOL

TARASS BOULBA

ROMAN TRADUIT DU RUSSE

PAR LOUIS VIARDOT

PARIS
LIBRAIRIE HACHETTE ET Cie
79, BOULEVARD SAINT-GERMAIN, 79

TARASS BOULBA

OUVRAGE DU MÊME AUTEUR

QUI SE VEND A LA MÊME LIBRAIRIE

Les Ames mortes. 2 vol.

Coulommiers. — Typographie Paul BRODARD.

NICOLAS GOGOL

TARASS BOULBA

ROMAN TRADUIT DU RUSSE

PAR LOUIS VIARDOT

PARIS
LIBRAIRIE HACHETTE ET Cie
79, BOULEVARD SAINT-GERMAIN, 79

1882

PRÉFACE

La nouvelle intitulée *Tarass Boulba*, la plus considérable du recueil de Gogol, est un petit roman historique où il a décrit les mœurs des anciens Cosaques Zaporogues. Une note préliminaire nous semble à peu près indispensable pour les lecteurs étrangers à la Russie.

Nous ne voulons pas, toutefois, rechercher si le savant géographe Mannert a eu raison de voir en eux les descendants des anciens Scythes (Niebuhr a prouvé que les Scythes d'Hérodote étaient les ancêtres des Mongols), ni s'il faut absolument retrouver les Cosaques (en russe *Kasak*) dans les Κασαψα de Constantin Porphyrogénète, les *Kassogues* de Nestor, les *cavaliers* et *corsaires russes* que les géographes arabes, antérieurs au XIII° siècle, plaçaient dans les parages de la mer Noire. Obscure comme l'origine de presque toutes les nations, celle des Cosaques a servi de thème aux hypothèses les plus contradictoires. Nous devons seulement relever l'opinion, longtemps admise, de l'historien Schlœtzer, lequel, se fondant sur les mœurs vagabondes et l'esprit d'aventure qui distinguèrent les Cosaques des autres races slaves, et sur l'altération de leur langue militaire, pleine de mots turcs et d'idiotismes polonais, crut que, dans l'origine, les Cosaques ne furent qu'un ramas d'aventuriers venus de tous les pays voisins de l'Ukraine, et qu'ils ne parurent qu'à l'époque de la domination des Mongols en Russie. Les Cosaques se recrutèrent, il est vrai, de Russes, de Polonais, de Turcs, de Tatars, même de Français et d'Italiens; mais le fond primitif de la nation cosaque fut une race slave, habitant l'Ukraine, d'où elle se répandit sur les bords du Don, de l'Oural et du Volga. Ce fut une petite armée de huit cents Cosaques, qui, sous les ordres de leur ataman Yermak, conquit toute la Sibérie en 1580.

Une des branches ou tribus de la nation cosaque, et la plus belliqueuse, celle des Zaporogues, paraît, pour la première fois, dans les annales polonaises au commencement du xvie siècle. Ce nom leur venait des mots russes *za*, au delà (*trans*), et *porog*, cataracte, parce qu'ils habitaient plus bas que les bancs de granit qui coupent en plusieurs endroits le lit de Dniepr. Le pays occupé par eux portait le nom collectif de *Zaporojié*. Maîtres d'une grande partie des plaines fertiles et des steppes de l'Ukraine, tour à tour alliés ou ennemis des Russes, des Polonais, des Tatars et des Turcs, les Zaporogues formaient un peuple éminemment guerrier organisé en république militaire, et offrant quelque lointaine et grossière ressemblance avec les ordres de chevalerie de l'Europe occidentale.

Leur principal établissement, appelé la *setch*, avait d'habitude pour siége une île du Dniepr. C'était un assemblage de grandes cabanes en bois et en terre, entourées d'un glacis, qui pouvait aussi bien se nommer un camp qu'un village. Chaque cabane (leur nombre n'a jamais dépassé quatre cents) pouvait contenir quarante ou cinquante Cosaques. En été, pendant les travaux de la campagne, il restait peu de monde à la *setch;* mais en hiver, elle devait être constamment gardée par quatre mille hommes. Le reste se dispersait dans les villages voisins, ou se creusait, aux environs, des habitations souterraines, appelées *zimovniki* (de *zima*, hiver.)

La *setch* était divisée en trente-huit quartiers ou *kouréni* (de *kourit*, fumer; le mot *kourèn* correspond à celui du foyer). Chaque Cosaque habitant la *setch* était tenu de vivre dans son *kourèn;* chaque *kourèn*, désigné par un nom particulier qu'il tirait habituellement de celui de son chef primitif, élisait un *ataman* (*kourennoï-ataman*), dont le pouvoir ne durait qu'autant que les Cosaques soumis à son commandement étaient satisfaits de sa conduite. L'argent et les hardes des Cosaques d'un *kourèn* étaient déposés chez leur *ataman*, qui donnait à location les boutiques et les bateaux (*douby*) de son *kourèn*, et gardait les fonds de la caisse commune. Tous les Cosaques d'un *kourèn* dînaient à la même table.

Les *kouréni* assemblés choisissaient le chef supérieur, le *kochévoï-ataman* (de *kosch*, en tatar *camp*, ou de *k:tchévat*, en russe *camper*). On verra dans la nouvelle de Gogol comment se faisait l'élection du *kochévoï*. La *rada*, ou assemblée nationale, qui se tenait tou jours après dîner, avait lieu deux fois par an, à jours fixes, le 24 juin, jour de la fête de saint Jean-Baptiste, et le 1ᵉʳ octobre, jour de la présentation de la Vierge, patronne de l'église de la *setch*.

Le trait le plus saillant, et particulièrement distinctif de cette confrérie militaire, c'était le célibat imposé à tous ses membres pendant leur réunion. Aucune femme n'était admise dans la *setch*.

TARASS BOULBA

I

« Voyons, tourne-toi. Dieu, que tu es drôle ! Qu'est-ce que cette robe de prêtre? Est-ce que vous êtes tous ainsi fagotés à votre académie? »

Voilà par quelles paroles le vieux Boulba accueillait ses deux fils qui venaient de terminer leurs études au séminaire de Kiew [1], et qui rentraient en ce moment au foyer paternel.

Ses fils venaient de descendre de cheval. C'étaient deux robustes jeunes hommes, qui avaient encore le regard en dessous, comme il convient à des séminaristes récemment sortis des bancs de l'école. Leurs visages, pleins de force et de santé, commençaient à se couvrir d'un premier duvet que n'avait jamais fauché le rasoir. L'accueil de leur père les avait fort troublés ; ils restaient immobiles, les yeux fixés à terre.

[1] Kiew, capitale du gourt de Keiw, sur le Dniepr, et capitale de toute la Russie, jusqu'à la fin du XIIᵉ siècle.

Attendez, attendez ; laissez que je vous examine bien à mon aise. Dieu ! que vous avez de longues robes ! dit-il en les tournant et retournant en tous sens. Diables de robes ! je crois qu'on n'en a pas encore vu de pareilles dans le monde. Allons, que l'un de vous essaye un peu de courir : je verrai s'il ne se laissera pas tomber le nez par terre, en s'embarrassant dans les plis.

— Père, ne te moque pas de nous, dit enfin l'aîné.

— Voyez un peu le beau sire ! et pourquoi donc ne me moquerais-je pas de vous ?

— Mais, parce que.... quoique tu sois mon père, j'en jure Dieu, si tu continues de rire, je te rosserai.

— Quoi ! fils de chien, ton père ! dit Tarass Boulba en reculant de quelques pas avec étonnement.

— Oui, même mon père ; quand je suis offensé, je ne regarde à rien, ni à qui que ce soit.

— De quelle manière veux-tu donc te battre avec moi, est-ce à coups de poing ?

— La manière m'est fort égale.

— Va pour les coups de poing, répondit Tarass Boulba en retroussant ses manches. Je vais voir quel homme tu fais à coups de poing. »

Et voilà que père et fils, au lieu de s'embrasser après une longue absence, commencent à se lancer de vigoureux horions dans les côtes, le dos, la poitrine, tantôt reculant, tantôt attaquant.

« Voyez un peu, bonnes gens : le vieux est devenu fou ; il a tout à fait perdu l'esprit, disait la pauvre mère, pâle et maigre, arrêtée sur le perron, sans avoir encore eu le temps d'embrasser ses fils bien-aimés. Les enfants sont revenus à la maison, plus d'un an s'est passé depuis qu'on ne les a vus ; et lui, voilà qu'il invente, Dieu sait quelle sottise.... se rosser à coups de poing !

— Mais il se bat fort bien, disait Boulba s'arrêtant. Oui, par Dieu ! très-bien, ajouta-t-il en rajustant ses habits ; si bien que j'eusse mieux fait de ne pas l'essayer. Ça fera un bon Cosaque. Bonjour, fils ; embrassons-nous. »

Et le père et le fils s'embrassèrent.

« Bien, fils. Rosse tout le monde comme tu m'as rossé ; ne fais quartier à personne. Ce qui n'empêche pas que tu ne sois drôlement fagoté. Qu'est-ce que cette corde qui pend ? Et toi, nigaud, que fais-tu là, les bras ballants ? dit-il en s'adressant au cadet. Pourquoi, fils de chien, ne me rosses-tu pas aussi ?

— Voyez un peu ce qu'il invente, disait la mère en embrassant le plus jeune de ses fils. On a donc de ces inventions-là, qu'un enfant rosse son propre père ! Et c'est bien le moment d'y songer ! Un pauvre enfant qui a fait une si longue route, qui s'est si fatigué (le pauvre enfant avait plus de vingt ans et une taille de six pieds), il aurait besoin de se reposer et de manger un morceau ; et lui, voilà qu'il le force à se battre.

— Eh ! eh ! mais tu es un freluquet à ce qu'il me semble, disait Boulba. Fils, n'écoute pas ta mère ; c'est une femme, elle ne sait rien. Qu'avez-vous besoin, vous autres, d'être dorlotés ? Vos dorloteries, à vous, c'est une belle plaine, c'est un bon cheval ; voilà vos dorloteries. Et voyez-vous ce sabre ? voilà votre mère. Tout le fatras qu'on vous met en tête, ce sont des bêtises. Et les académies, et tous vos livres, et les ABC, et les philosophies, et tout cela, je crache dessus. »

Ici Boulba ajouta un mot qui ne peut passer à l'imprimerie.

« Ce qui vaut mieux, reprit-il, c'est que, la semaine prochaine, je vous enverrai au *zaporojié*. C'est là que se trouve la science ; c'est là qu'est votre école, et que vous attraperez de l'esprit.

— Quoi ! ils ne resteront qu'une semaine ici ? disait d'une voix plaintive et les larmes aux yeux la vieille bonne mère. Les pauvres petits n'auront pas le temps de se divertir et de faire connaissance avec la maison paternelle. Et moi, je n'aurai pas le temps de les regarder à m'en rassasier.

— Cesse de hurler, vieille ; un Cosaque n'est pas fait pour s'avachir avec les femmes. N'est-ce pas ?

tu les aurais cachés tous les deux sous ta jupe, pour les couver comme une poule ses œufs. Allons, marche. Mets-nous vite sur la table tout ce que tu as à manger. Il ne nous faut pas de gâteaux au miel, ni toutes sortes de petites fricassées. Donne-nous un mouton entier ou toute une chèvre; apporte-nous de l'hydromel de quarante ans; et donne-nous de l'eau-de-vie, beaucoup d'eau-de-vie; pas de cette eau-de-vie avec toutes sortes d'ingrédients, des raisins secs et autres vilenies; mais de l'eau-de-vie toute pure, qui pétille et mousse comme une enragée. »

Boulba conduisit ses fils dans sa chambre, d'où sortirent à leur rencontre deux belles servantes, toutes chargées de *monistes* [1]. Était-ce parce qu'elles s'effrayaient de l'arrivée de leurs jeunes seigneurs, qui ne faisaient grâce à personne? était-ce pour ne pas déroger aux pudiques habitudes des femmes? A leur vue, elles se sauvèrent en poussant de grands cris, et longtemps encore après, elles se cachèrent le visage avec leurs manches. La chambre était meublée dans le goût de ce temps, dont le souvenir n'est conservé que par les *douma* [2] et les chansons populaires, que récitaient autrefois, dans l'Ukraine, les vieillards à longue barbe, en

---

[1] Ducats d'or, percés et pendus en guise d'ornements.
[2] Chroniques chantées, comme les anciennes *rapsodies* grecques ou les *romances* espagnoles.

s'accompagnant de la *bandoura* [1], au milieu d'une foule qui faisait cercle autour d'eux ; dans le goût de ce temps rude et guerrier, qui vit les premières luttes soutenues par l'Ukraine contre l'union [2]. Tout y respirait la propreté. Le plancher et les murs étaient revêtus d'une couche de terre glaise luisante et peinte. Des sabres, des fouets (*nagaïkas*), des filets d'oiseleur et de pêcheur, des arquebuses, une corne curieusement travaillée servant de poire à poudre, une bride chamarrée de lames d'or, des entraves parsemées de petits clous d'argent, étaient suspendus autour de la chambre. Les fenêtres, fort petites, portaient des vitres rondes et ternes, comme on n'en voit plus aujourd'hui que dans les vieilles églises ; on ne pouvait regarder au dehors qu'en soulevant un petit châssis mobile. Les baies de ces fenêtres et des portes étaient peintes en rouge. Dans les coins, sur des dressoirs, se trouvaient des cruches d'argile, des bouteilles en verre de couleur sombre, des coupes d'argent ciselé, d'autres petites coupes dorées, de différentes mains-d'œuvre, vénitiennes, florentines, turques, circassiennes, arrivées par diverses voies aux mains de Boulba, ce qui était assez commun dans ces temps d'entreprises guerrières. Des bancs de bois, revêtus d'é-

---

[1] Espèce de guitare.
[2] Religion grecque-unie, schisme, récemment abrogé, de la religion gréco-catholique.

corce brune de bouleau, faisaient le tour entier de la chambre. Une immense table était dressée sous les saintes images, dans un des angles antérieurs. Un haut et large poêle, divisé en une foule de compartiments, et couvert de briques vernissées, bariolées, remplissait l'angle opposé. Tout cela était très-connu de nos deux jeunes gens, qui venaient chaque année passer les vacances à la maison; je dis venaient, et venaient à pied, car ils n'avaient pas encore de chevaux, la coutume ne permettant point aux écoliers d'aller à cheval. Ils étaient encore à l'âge où les longues touffes du sommet de leur crâne pouvaient être tirées impunément par tout Cosaque armé. Ce n'est qu'à leur sortie du séminaire que Boulba leur avait envoyé deux jeunes étalons pour faire le voyage.

A l'occasion du retour de ses fils, Boulba fit rassembler tous les centeniers de son *polk* [1] qui n'étaient pas absents; et quand deux d'entre eux se furent rendus à son invitation, avec le *iésaoul* [2] Dmitri Tovkatch, son vieux camarade, il leur présenta ses fils en disant :

« Voyez un peu quels gaillards! je les enverrai bientôt à la *setch*. »

Les visiteurs félicitèrent et Boulba et les deux jeunes gens, en leur assurant qu'ils feraient fort

[1] Officiers de son campement.
[2] Lieutenant du *polkovnik*.

bien, et qu'il n'y avait pas de meilleure école pour la jeunesse que le *zaporojié*.

« Allons, seigneurs et frères, dit Tarass, asseyez-vous chacun où il lui plaira. Et vous, mes fils, avant tout, buvons un verre d'eau-de-vie. Que Dieu nous bénisse! A votre santé, mes fils! A la tienne, Ostap (Eustache)! A la tienne, Andry (André)! Dieu veuille que vous ayez toujours de bonnes chances à la guerre, que vous battiez les païens et les Tatars! et si les Polonais commencent quelque chose contre notre sainte religion, les Polonais aussi! Voyons, donne ton verre. L'eau-de-vie est-elle bonne? Comment se nomme l'eau-de-vie en latin? Quels sots étaient ces Latins! ils ne savaient même pas qu'il y eût de l'eau-de-vie au monde. Comment donc s'appelait celui qui a écrit des vers latins? Je ne suis pas trop savant; j'ai oublié son nom. Ne s'appelait-il pas à Horace?

— Voyez-vous le sournois, se dit tout bas le fils aîné, Ostap; c'est qu'il sait tout, le vieux chien, et il fait mine de ne rien savoir.

— Je crois bien que l'archimandrite ne vous a pas même donné à flairer de l'eau-de-vie, continuait Boulba. Convenez, mes fils, qu'on vous a vertement étrillés, avec des balais de bouleau, le dos, les reins, et tout ce qui constitue un Cosaque. Ou bien peut-être, parce que vous étiez devenus grands garçons et sages, vous rossait-on à coups de fouet, non les samedis seulement, mais encore les mercredis et les jeudis.

— Il n'y a rien à se rappeler de ce qui s'est fait, père, répondit Ostap; ce qui est passé est passé.

— Qu'on essaye maintenant! dit Andry; que quelqu'un s'avise de me toucher du bout du doigt! que quelque Tatar s'imagine de me tomber sous la main! il saura ce que c'est qu'un sabre cosaque.

— Bien, mon fils, bien! par Dieu, c'est bien parlé. Puisque c'est comme ça, par Dieu, je vais avec vous. Que diable ai-je à attendre ici? Que je devienne un planteur de blé noir, un homme de ménage, un gardeur de brebis et de cochons? que je me dorlote avec ma femme? Non, que le diable l'emporte! je suis un Cosaque, je ne veux pas. Qu'est-ce que cela me fait qu'il n'y ait pas de guerre! j'irai prendre du bon temps avec vous. Oui, par Dieu, j'y vais. »

Et le vieux Boulba, s'échauffant peu à peu, finit par se fâcher tout rouge, se leva de table, et frappa du pied en prenant une attitude impérieuse.

« Nous partons demain. Pourquoi remettre? Qui diable attendons-nous ici? A quoi bon cette maison? à quoi bon ces pots? à quoi bon tout cela? »

En parlant ainsi, il se mit à briser les plats et les bouteilles. La pauvre femme, dès longtemps habituée à de pareilles actions, regardait tristement faire son mari, assise sur un banc. Elle n'osait rien dire ; mais en apprenant une résolution aussi pénible à son cœur, elle ne put retenir ses larmes. Elle jeta un regard furtif sur ses enfants qu'elle allait si brusquement perdre, et rien n'aurait pu peindre la souffrance qui agitait convulsivement ses yeux humides et ses lèvres serrées.

Boulba était furieusement obstiné. C'était un de ces caractères qui ne pouvaient se développer qu'au xvi° siècle, dans un coin sauvage de l'Europe, quand toute la Russie méridionale, abandonnée de ses princes, fut ravagée par les incursions irrésistibles des Mongols ; quand, après avoir perdu son toit et tout abri, l'homme se réfugia dans le courage du désespoir ; quand sur les ruines fumantes de sa demeure, en présence d'ennemis voisins et implacables, il osa se rebâtir une maison, connaissant le danger, mais s'habituant à le regarder en face ; quand enfin le génie pacifique des Slaves s'enflamma d'une ardeur guerrière, et donna naissance à cet élan désordonné de la nature russe qui fut la société cosaque (*kasatchestvo*). Alors tous les abords des rivières, tous les gués, tous les défilés dans les marais, se couvrirent de Cosaques que personne n'eût pu compter, et leurs hardis envoyés purent répondre au sultan qui désirait connaître leur nombre : « Qui le sait ? Chez nous, dans la steppe, à chaque bout de champ, un Cosaque. » Ce fut une explosion de la force russe que firent jaillir de la poitrine du peuple les coups répétés du malheur. Au lieu des anciens *oudély* [1], au lieu des petites villes peuplées de vassaux chasseurs, que se disputaient et se vendaient les petits princes, apparurent des bourgades fortifiées, des *kourény* [2] liés entre eux par le sentiment du danger commun et la haine des envahisseurs païens. L'histoire nous apprend comment les luttes perpétuelles des Cosaques sauvèrent l'Europe occidentale de l'invasion des sauvages hordes asiatiques qui menaçaient de l'inonder. Les rois de Pologne qui devinrent, au lieu des princes dépossédés, les maîtres de ces vastes étendues de terre, maîtres, il est vrai, éloignés et faibles, comprirent l'importance des Cosaques et le profit qu'ils pouvaient tirer de leurs dispositions guerrières. Ils s'efforcèrent de les développer encore. Les *hetman*, élus par les Cosaques eux-mêmes et dans leur sein, transformèrent les *kourény* en *polk* [3] réguliers. Ce n'était pas une armée rassemblée et permanente; mais, dans le cas de guerre ou de mouvement général, en huit jours au plus, tous étaient réunis. Chacun se rendait à l'appel, à cheval et en armes, ne recevant pour toute solde du roi qu'un ducat par tête. En quinze jours, il se rassemblait une telle armée, qu'à coup sûr nul re-

[1] Division féodale de la Russie.
[2] Union de villages sous le même chef électif nommé *ataman*.
[3] Espèces de régiments.

crutement n'eût pu en former une semblable. La guerre finie, chaque soldat regagnait ses champs, sur les bords du Dniepr, s'occupait de pêche, de chasse ou de petit commerce, brassait de la bière, et jouissait de la liberté. Il n'y avait pas de métier qu'un Cosaque ne sût faire : distiller de l'eau-de-vie, charpenter un chariot, fabriquer de la poudre, faire le serrurier et le maréchal ferrant, et, par-dessus tout, boire et bambocher comme un Russe seul en est capable, tout cela ne lui allait pas à l'épaule. Outre les Cosaques inscrits, obligés de se présenter en temps de guerre ou d'entreprise, il était très-facile de rassembler des troupes de volontaires. Les *iésaoul* n'avaient qu'à se rendre sur les marchés et les places de bourgades, et à crier, montés sur une *téléga* (chariot) : « Eh! eh! vous autres buveurs, cessez de brasser de la bière et de vous étaler tout de votre long sur les poêles; cessez de nourrir les mouches de la graisse de vos corps; allez à la conquête de l'honneur et de la gloire chevaleresque. Et vous autres, gens de charrue, planteurs de blé noir, gardeurs de moutons, amateurs de jupes, cessez de vous traîner à la queue de vos bœufs, de salir dans la terre vos cafetans jaunes, de courtiser vos femmes et de laisser dépérir votre vertu de chevalier [1]. Il est temps d'aller à la quête

---

[1] Tous les hommes armés, chez les Cosaques, se nom-

de la gloire cosaque. » Et ces paroles étaient semblables à des étincelles qui tomberaient sur du bois sec. Le laboureur abandonnait sa charrue ; le brasseur de bière mettait en pièces ses tonneaux et ses jattes ; l'artisan envoyait au diable son métier et le petit marchand son commerce ; tous brisaient les meubles de leur maison et sautaient à cheval. En un mot, le caractère russe revêtit alors une nouvelle forme, large et puissante.

Tarass Boulba était un des vieux *polkovnik* [1]. Créé pour les difficultés et les périls de la guerre, il se distinguait par la droiture d'un caractère rude et entier. L'influence des mœurs polonaises commençait à pénétrer parmi la noblesse petite-russienne. Beaucoup de seigneurs s'adonnaient au luxe, avaient un nombreux domestique, des faucons, des meutes de chasse, et donnaient des repas. Tout cela n'était pas selon le cœur de Tarass ; il aimait la vie simple des Cosaques, et il se querella fréquemment avec ceux de ses camarades qui suivaient l'exemple de Varsovie, les appelant esclaves des gentilshommes (*pan*) polonais. Toujours inquiet, mobile, entreprenant, il se regardait comme un des défenseurs naturels de l'Église russe ; il entrait, sans permission, dans tous les villages où

maient chevaliers, par une imitation lointaine et mal comprise de la chevalerie de l'Europe occidentale.
[1] Chef de *polk*. Ce mot signifie maintenant colonel.

l'on se plaignait de l'oppresion des intendants-fermiers et d'une augmentation de taxe sur les feux. Là, au milieu de ses Cosaques, il jugeait les plaintes. Il s'était fait une règle d'avoir, dans trois cas, recours à son sabre : quand les intendants ne montraient pas de déférence envers les anciens et ne leur ôtaient pas le bonnet, quand on se moquait de la religion ou des vieilles coutumes, et quand il était en présence des ennemis, c'est-à-dire des Turcs ou païens, contre lesquels il se croyait toujours en droit de tirer le fer pour la plus grande gloire de la chrétienté. Maintenant il se réjouissait d'avance du plaisir de mener lui-même ses deux fils à la *setch*, de dire avec orgueil : « Voyez quels gaillards je vous amène ; de les présenter à tous ses vieux compagnons d'armes, et d'être témoin de leurs premiers exploits dans l'art de guerroyer et dans celui de boire, qui comptait aussi parmi les vertus d'un chevalier. Tarass avait d'abord eu l'intention de les envoyer seuls ; mais à la vue de leur bonne mine, de leur haute taille, de leur mâle beauté, sa vieille ardeur guerrière s'était ranimée, et il se décida, avec toute l'énergie d'une volonté opiniâtre, à partir avec eux dès le lendemain. Il fit ses préparatifs, donna des ordres, choisit des chevaux et des harnais pour ses deux jeunes fils, désigna les domestiques qui devaient les accompaguer, et délégua son commandement au *iésaoul* Tovkatch, en lui enjoignant de se mettre en marche à la tête de tout le *polk*, dès que l'ordre lui en parviendrait de la *setch*. Quoiqu'il ne fût pas entièrement dégrisé, et que la vapeur du vin se promenât encore dans sa cervelle, cependant il n'oublia rien, pas même l'ordre de faire boire les chevaux et de leur donner une ration du meilleur froment.

« Eh bien! mes enfants, leur dit-il en rentrant fatigué à la maison, il est temps de dormir, et demain nous ferons ce qu'il plaira à Dieu. Mais qu'on ne nous fasse pas de lits; nous dormirons dans la cour. »

La nuit venait à peine d'obscurcir le ciel; mais Boulba avait l'habitude de se coucher de bonne heure. Il se jeta sur un tapis étendu à terre, et se couvrit d'une pelisse de peaux de mouton (*touloup*), car l'air était frais, et Boulba aimait la chaleur quand il dormait dans la maison. Il se mit bientôt à ronfler; tous ceux qui s'étaient couchés dans les coins de la cour suivirent son exemple, et, avant tous les autres, le gardien, qui avait le mieux célébré, verre en main, l'arrivée des jeunes seigneurs. Seule, la pauvre mère ne dormait pas. Elle était venue s'accroupir au chevet de ses fils bien-aimés, qui reposaient l'un près de l'autre. Elle peignait leur jeune chevelure, les baignait de ses larmes, les regardait de tous ses yeux, de toutes les forces de son être, sans pouvoir se rassasier de les contempler. Elle les avait nourris de son lait, élevés avec une tendresse inquiète, et voilà qu'elle ne doit les voir qu'un instant.

« Mes fils, mes fils chéris ! que deviendrez-vous ? qu'est-ce qui vous attend ? » disait-elle; et des larmes s'arrêtaient dans les rides de son visage, autrefois beau.

En effet, elle était bien digne de pitié, comme toute femme de ce temps-là. Elle n'avait vécu d'amour que peu d'instants, pendant la première fièvre de la jeunesse et de la passion ; et son rude amant l'avait abandonnée pour son sabre, pour ses camarades, pour une vie aventureuse et déréglée. Elle ne voyait son mari que deux ou trois jours par an; et, même quand il était là, quand ils vivaient ensemble, quelle était sa vie? Elle avait à supporter des injures, et jusqu'à des coups, ne recevant que des caresses rares et dédaigneuses. La femme était une créature étrange et déplacée dans ce ramas d'aventuriers farouches. Sa jeunesse passa rapidement, sans plaisirs ; ses belles joues fraîches, ses blanches épaules se fanèrent dans la solitude, et se couvrirent de rides prématurées. Tout ce qu'il y a d'amour, de tendresse, de passion dans la femme, se concentra chez elle en amour maternel. Ce soir-là, elle restait penchée avec angoisse sur le lit de ses enfants, comme la *tchaïka* [1] des steppes plane sur son nid. On lui prend ses fils, ses chers fils; on les lui prend pour qu'elle ne les revoie peut-être jamais : peut-être qu'à la première bataille, des Tatars leur couperont la tête, et jamais elle ne saura ce que sont devenus leurs corps abandonnés en pâture aux oiseaux voraces. En sanglotant sourdement, elle regardait leurs yeux que tenait fermés l'irrésistible sommeil.

« Peut-être, pensait-elle, Boulba remettra-t-il son départ à deux jours? Peut-être ne s'est-il décidé à partir sitôt que parce qu'il a beaucoup bu aujourd'hui? »

Depuis longtemps la lune éclairait du haut du ciel la cour et tous ses dormeurs, ainsi qu'une masse de saules touffus et les hautes bruyères qui croissaient contre la clôture en palissades. La pauvre femme restait assise au chevet de ses enfants, les couvant des yeux et sans penser au sommeil. Déjà les chevaux, sentant venir l'aube, s'étaient couchés sur l'herbe, et cessaient de brouter. Les hautes feuilles des saules commençait à frémir, à chuchoter, et leur babillement descendait de branche en branche. Le hennissement aigu d'un poulain retentit tout à coup dans la steppe. De larges

---

[1] Espèce de mouette.

lueurs rouges apparurent au ciel. Boulba s'éveilla soudain, et se leva brusquement. Il se rappelait tout ce qu'il avait ordonné la veille.

« Assez dormi, garçons ; il est temps, il est temps! faites boire les chevaux. Mais où est la vieille (c'est ainsi qu'il appelait habituellement sa femme) ? Vite, vieille ! donne-nous à manger, car nous avons une longue route devant nous. »

Privée de son dernier espoir, la pauvre vieille se traîna tristement vers la maison. Pendant que, les larmes aux yeux, elle préparait le déjeuner, Boulba distribuait ses derniers ordres, allait et venait dans les écuries, et choisissait pour ses enfants ses plus riches habits. Les étudiants changèrent en un moment d'apparence. Des bottes rouges, à petits talons d'argent, remplacèrent leurs mauvaises chaussures de collége. Ils ceignirent sur leurs reins, avec un cordon doré, des pantalons larges comme la mer Noire, et formés d'un million de petits plis. A ce cordon pendaient de longues lanières de cuir, qui portaient avec des houppes tous les ustensiles du fumeur. Un casaquin de drap rouge comme le feu leur fut serré au corps par une ceinture brodée, dans laquelle on glissa des pistolets turcs damasquinés. Un grand sabre leur battait les jambes. Leurs visages, encore peu hâlés, semblaient alors plus beaux et plus blancs. De petites moustaches noires relevaient le teint brillant et fleuri de la jeunesse. Ils étaient bien beaux sous leurs bonnets d'astracan noir terminés par des calottes dorées. Quand la pauvre mère les aperçut, elle ne put proférer une parole, et des larmes craintives s'arrêtèrent dans ses yeux flétris.

« Allons, mes fils, tout est prêt, plus de retard, dit enfin Boulba. Maintenant, d'après la coutume chrétienne, il faut nous asseoir avant de partir. »

Tout le monde s'assit en silence dans la même chambre, sans excepter les domestiques, qui se tenaient respectueusement près de la porte.

« A présent, mère, dit Boulba, donne ta bénédiction à tes enfants; prie Dieu qu'ils se battent toujours bien, qu'ils soutiennent leur honneur de chevaliers, qu'ils défendent la religion du Christ; sinon, qu'ils périssent, et qu'il ne reste rien d'eux sur la terre. Enfants, approchez de votre mère; la prière d'une mère préserve de tout danger sur la terre et sur l'eau. »

La pauvre femme les embrassa, prit deux petites images en métal, les leur pendit au cou en sanglotant.

« Que la Vierge.... vous protège.... N'oubliez pas, mes fils, votre mère. Envoyez au moins de vos nouvelles, et pensez.... »

Elle ne put continuer.

« Allons, enfants, » dit Boulba.

Des chevaux sellés attendaient devant e perron.

Boulba s'élança sur son Diable [1], qui fit un furieux écart en sentant tout à coup sur son dos un poids de vingt *pouds* [2], car Boulba était très-gros et très-lourd. Quand la mère vit que ses fils étaient aussi montés à cheval, elle se précipita vers le plus jeune, qui avait l'expression du visage plus tendre; elle saisit son étrier, elle s'accrocha à la selle, et, dans un morne et silencieux désespoir, elle l'étreignit entre ses bras. Deux vigoureux Cosaques la soulevèrent respectueusement, et l'emportèrent dans la maison. Mais au moment où les cavaliers franchirent la porte, elle s'élança sur leurs traces avec la légèreté d'une biche, étonnante à son âge, arrêta d'une main forte l'un des chevaux, et embrassa son fils avec une ardeur insensée, délirante. On l'emporta de nouveau. Les jeunes Cosaques commencèrent à chevaucher tristement aux côtés de leur père, en retenant leurs larmes, car ils craignaient Boulba, qui ressentait aussi, sans la montrer, une émotion dont il ne pouvait se défendre. La journée était grise; l'herbe verdoyante étincelait au loin, et les oiseaux gazouillaient sur des tons discords. Après avoir fait un peu de chemin, les jeunes gens jetèrent un regard en arrière; déjà leur maisonnette semblait avoir plongé sous terre;

[1] Nom du cheval.
[2] Le *poud* vaut quarante livres russes, environ dix-huit kilogr.

on ne voyait plus à l'horizon que les deux cheminées encadrées par les sommets des arbres sur lesquels, dans leur jeunesse, ils avaient grimpé comme des écureuils. Une vaste prairie s'étendait devant leurs regards, une prairie qui rappelait toute leur vie passée, depuis l'âge où ils se roulaient dans l'herbe humide de rosée, jusqu'à l'âge où ils y attendaient une jeune Cosaque aux noirs sourcils, qui la franchissait d'un pied rapide et craintif. Bientôt on ne vit plus que la perche surmontée d'une roue de chariot qui s'élevait au-dessus du puits; bientôt la steppe commença à s'exhausser en montagne, couvrant tout ce qu'ils laissaient derrière eux.

Adieu, toit paternel! adieu, souvenirs d'enfance! adieu, tout!

II

Les trois voyageurs cheminaient en silence. Le vieux Tarass pensait à son passé; sa jeunesse se déroulait devant lui, cette belle jeunesse que le Cosaque surtout regrette, car il voudrait toujours être agile et fort pour sa vie d'aventures. Il se demandait à lui-même quels de ses anciens camarades il retrouverait à la *setch*; il comptait ceux qui étaient déjà morts, ceux qui restaient encore vivants, et sa tête grise se baissa tristement. Ses fils étaient occupés de tout autres pensées. Il faut que nous disions d'eux quelques mots. A peine avaient-ils eu douze ans, qu'on les envoya au séminaire de Kiew, car tous les seigneurs de ce temps-là croyaient nécessaire de donner à leurs enfants une éducation promptement oubliée. A leur entrée au séminaire, tous ces jeunes gens étaient d'une humeur sauvage et accoutumés à une pleine liberté. Ce n'était que là qu'ils se dégrossissaient un peu, et prenaient une espèce de vernis commun qui les faisait ressembler l'un à l'autre. L'aîné des fils de Boulba, Ostap, commença sa carrière scientifique par s'enfuir dès la première année. On l'attrapa, on le battit à outrance, on le cloua à ses livres. Quatre fois il enfouit son ABC en terre, et quatre fois, après l'avoir inhumainement flagellé, on lui en racheta un neuf. Mais sans doute il eût recommencé une cinquième fois, si son père ne lui eût fait la menace formelle de le tenir pendant vingt ans comme frère lai dans un cloître, ajoutant le serment qu'il ne verrait jamais la *setch*, s'il n'apprenait à fond tout ce qu'on enseignait à l'académie. Ce qui est étrange, c'est que cette menace et ce serment venaient du vieux Boulba qui faisait profession de se moquer de toute science, et qui conseillait à ses enfants, comme nous l'avons vu, de n'en faire aucun cas. Depuis ce moment, Ostap se mit à étudier ses livres avec un zèle extrême, et finit par être réputé l'un des meilleurs étudiants. L'enseignement de ce temps-là n'avait pas le moindre rapport avec la vie qu'on menait; toutes ces arguties scolastiques, toutes ces finesses rhétoriques et logiques n'avaient rien de commun avec l'époque, et ne trouvaient d'application nulle part. Les savants d'alors n'étaient pas moins ignorants que les autres, car leur science était complétement oiseuse et vide. Au surplus, l'organisation toute républicaine du séminaire, cette immense réunion de jeunes gens dans la force de l'âge, devaient leur inspirer des désirs d'activité tout à fait en dehors du cercle de leurs études. La mauvaise chère, les fréquentes punitions par la faim, et les passions naissantes, tout s'unissait pour éveiller en eux cette soif d'entreprises qui devait, plus tard, se satisfaire dans la *setch*. Les boursiers [1] parcouraient affamés les rues de Kiew, obligeant les habitants à la prudence. Les marchands des bazars couvraient toujours des deux mains leurs gâteaux, leurs petits pâtés, leurs graines de pastèques, comme l'aigle couvre ses aiglons, dès que passait un boursier. Le consul [2] qui devait, d'après sa charge, veiller aux bonnes mœurs de ses subordonnés, portait de si larges poches dans ses pantalons, qu'il eût pu y

[1] Nom des étudiants laïques.
[2] Nom du surveillant, ou chef de quartier, choisi parmi les étudiants.

fourrer toute la boutique d'une marchande inattentive. Ces boursiers composaient un monde à part. Ils ne pouvaient pas pénétrer dans la haute société, qui se composait de nobles, Polonais et Petits-Russiens. Le vaïvode lui-même, Adam Kissel, malgré la protection dont il honorait l'académie, défendait qu'on menât les étudiants dans le monde, et voulait qu'on les traitât sévèrement. Du reste, cette dernière recommandation était fort inutile, car ni le recteur, ni les professeurs ne ménageaient le fouet et les étrivières. Souvent, d'après leurs ordres, les licteurs rossaient les consuls de manière à leur faire longtemps gratter leurs pantalons. Beaucoup d'entre eux ne comptaient cela pour rien, ou, tout au plus, pour quelque chose d'un peu plus fort que de l'eau-de-vie poivrée. Mais d'autres finissaient par trouver un tel chauffage si désagréable, qu'ils s'enfuyaient à la *setch*, s'ils en savaient trouver le chemin et n'étaient point rattrapés en route. Ostap Boulba, malgré le soin qu'il mettait à étudier la logique et même la théologie, ne put jamais s'affranchir des implacables étrivières. Naturellement, cela dut rendre son caractère plus sombre, plus intraitable, et lui donner la fermeté qui distingue le Cosaque. Il passait pour très-bon camarade; s'il n'était presque jamais le chef dans les entreprises hardies, comme le pillage d'un potager, toujours il se mettait des premiers sous le commandement d'un écolier entreprenant, et jamais, en aucun cas, il n'eût trahi ses compagnons. Aucun châtiment ne l'y eût pu contraindre. Assez indifférent à tout autre plaisir que la guerre ou la bouteille, car il pensait rarement à autre chose, il était loyal et bon, du moins aussi bon qu'on pouvait l'être avec un tel caractère et dans une telle époque. Les larmes de sa pauvre mère l'avaient profondément ému; c'était la seule chose qui l'eût troublé, et qui lui fît baisser tristement la tête.

Son frère cadet, Andry, avait les sentiments plus vifs et plus ouverts. Il apprenait avec plus de plaisir, et sans les difficultés que met au travail un caractère lourd et énergique. Il était plus ingénieux que son frère, plus souvent le chef d'une entreprise hardie; et quelquefois, à l'aide de son esprit inventif, il savait éluder la punition, tandis que son frère Ostap, sans se troubler beaucoup, ôtait son caftan et se couchait par terre, ne pensant pas même à demander grâce. Andry n'était pas moins dévoré du désir d'accomplir des actions héroïques; mais son âme était abordable à d'autres sentiments. Le besoin d'aimer se développa rapidement en lui, dès qu'il eut passé sa dix-huitième année. Des images de femme se présentaient souvent à ses pensées brûlantes. Tout en écoutant les disputes théologiques, il voyait l'objet de son rêve avec des joues fraîches, un sourire tendre et des yeux noirs. Il cachait soigneusement à ses camarades les mouvements de son âme jeune et passionnée; car, à cette époque, il était indigne d'un Cosaque de penser aux femmes et à l'amour avant d'avoir fait ses preuves dans une bataille. En général, dans les dernières années de son séjour au séminaire, il se mit plus rarement en tête d'une troupe aventureuse; mais souvent il errait dans quelque quartier solitaire de Kiew, où de petites maisonnettes se montraient engageantes à travers leurs jardins de cerisiers. Quelquefois il pénétrait dans la rue de l'aristocratie, dans cette partie de la ville qui se nomme maintenant le vieux Kiew, et qui, alors habitée par des seigneurs petits-russiens et polonais, se composait de maisons bâties avec un certain luxe. Un jour qu'il passait là, rêveur, le lourd carrosse d'un seigneur polonais manqua de l'écraser, et le cocher à longues moustaches qui occupait le siège le cingla violemment de son fouet. Le jeune écolier, bouillonnant de colère, saisit de sa main vigoureuse, avec une hardiesse folle, une roue de derrière du carrosse, et parvint à l'arrêter quelques moments. Mais le cocher, redoutant une querelle, lança ses chevaux en les fouettant, et Andry, qui avait heureusement retiré sa main, fut jeté contre terre, la face dans la boue. Un rire harmonieux et perçant retentit sur sa tête. Il leva les yeux, et aperçut à la fenêtre d'une maison une jeune fille de la plus ravissante beauté. Elle était blanche et rose comme la neige éclairée par les premiers rayons du soleil levant. Elle riait à gorge déployée, et son rire ajoutait encore un charme à sa beauté vive et fière. Il restait là, stupéfait, la regardait bouche béante, et, essuyant machinalement la boue qui lui couvrait la figure, il l'étendait encore davantage. Qui pouvait être cette belle fille? Il en adressa la question aux gens de service richement vêtus qui étaient groupés devant la porte de la maison autour d'un jeune joueur de *bandoura*. Mais ils lui rirent au nez, en voyant son visage souillé, et ne daignèrent pas lui répondre. Enfin, il apprit que c'était la fille du vaïvode de Kovno, qui était venu passer quelques jours à Kiew. La nuit suivante, avec la hardiesse particulière aux boursiers, il s'introduisit par la clôture en palissade dans le jardin de la maison, qu'il avait notée, grimpa sur un arbre dont les branches s'appuyaient sur le toit de la maison, passa de là sur le toit, et descendit par la cheminée dans la chambre à coucher de la jeune fille. Elle était alors assise près d'une lumière, et détachait de riches pendants d'oreilles. La belle Polonaise s'effraya tellement à la vue d'un homme inconnu, si brusquement tombé devant elle, qu'elle ne put prononcer un mot. Mais quand elle s'aperçut que le boursier se tenait immobile, baissant les yeux et n'osant pas remuer un doigt de la main, quand elle reconnut en lui l'homme qui, devant elle, était tombé dans la rue d'une manière si ridicule, elle partit de nouveau d'un grand éclat de rire. Et puis, il n'y avait rien de terrible dans les traits d'Andry ; c'était au contraire un charmant visage. Elle rit longtemps, et finit par se moquer de lui. La belle était étourdie comme une Polonaise, mais ses yeux clairs et sereins jetaient de ces longs regards qui promettent la constance. Le pauvre étudiant respirait à peine. La fille du vaïvode s'approcha hardiment, lui posa sur la tête sa coiffure en diadème, et jeta sur ses épaules une collerette transparente ornée de festons d'or. Elle fit de lui mille folies, avec le sans-gêne d'enfant qui est le propre des Polonaises, et qui jeta le jeune boursier dans une confusion inexprimable. Il faisait une figure assez niaise, en ouvrant la bouche et regardant fixement les yeux de l'espiègle. Un bruit soudain l'effraya. Elle lui ordonna de se cacher, et dès que sa frayeur se fût dissipée, elle appela sa servante, femme tatare prisonnière, et lui donna l'ordre de le conduire prudemment par le jardin pour le mettre dehors. Mais cette fois-ci, l'étudiant ne fut pas si heureux en traversant la palissade. Le gardien s'éveilla, l'aperçut, donna l'alarme, et les gens de la maison le reconduisirent à coups de bâton dans la rue jusqu'à ce que ses jambes rapides l'eussent mis hors de leurs atteintes. Après cette aventure, il devint dan-

gereux pour lui de passer devant la maison du vaïvode, car ses serviteurs étaient très-nombreux.
Andry la vit encore une fois dans l'église. Elle le
remarqua, et lui sourit malicieusement comme à
une vieille connaissance. Bientôt après le vaïvode
de Kovno quitta la ville, et une grosse figure inconnue se montra à la fenêtre où il avait vu la
belle Polonaise aux yeux noirs. C'est à cela que
pensait Andry, en penchant la tête sur le cou de
son cheval.

Mais dès longtemps la steppe les avait embrassés
dans son sein verdoyant. L'herbe haute les entourait de tous côtés, de sorte qu'on ne voyait plus
que les bonnets noirs des Cosaques au-dessus des
tiges ondoyantes.

« Eh, eh, qu'est-ce que cela veut dire, enfants ?
vous voilà tout silencieux, s'écria tout à coup Boulba
sortant de sa rêverie. On dirait que vous êtes devenus des moines. Au diable toutes les noires pensées ! Serrez vos pipes dans vos dents, donnez de
l'éperon à vos chevaux, et mettons-nous à courir
de façon qu'un oiseau ne puisse nous attraper. »

Et les Cosaques, se courbant sur le pommeau de
la selle, disparurent dans l'herbe touffue. On ne
voyait plus même leurs bonnets ; le rapide éclair
du sillon qu'ils traçaient dans l'herbe indiquait seul
la direction de leur course.

Le soleil s'était levé dans un ciel sans nuage, et

versait sur la steppe sa lumière chaude et vivifiante.

Plus on avançait dans la steppe, plus elle devenait sauvage et belle. A cette époque, tout l'espace qui se nomme maintenant la Nouvelle-Russie, de l'Ukraine à la mer Noire, était un désert vierge et verdoyant. Jamais la charrue n'avait laissé de trace à travers les flots incommensurables de ses plantes sauvages. Les seuls chevaux libres, qui se cachaient dans ces impénétrables abris, y laissaient des sentiers. Toute la surface de la terre semblait un océan de verdure dorée, qu'émaillaient mille autres couleurs. Parmi les tiges fines et sèches de la haute herbe, croissaient des masses de bleuets, aux nuances bleues, rouges et violettes. Le genêt dressait en l'air sa pyramide de fleurs jaunes. Les petits pompons de trèfle blanc parsemaient l'herbage sombre, et un épis de blé, apporté là, Dieu sait d'où, mûrissait solitaire. Sous l'ombre ténue des brins d'herbe, glissaient en étendant le cou des perdrix à l'agile corsage. Tout l'air était rempli de mille chants d'oiseaux. Des éperviers planaient immobiles, en fouettant l'air du bout de leurs ailes, et plongeant dans l'herbe des regards avides. De loin, l'on entendait les cris aigus d'une troupe d'oies sauvages qui volaient, comme une épaisse nuée, sur quelque lac perdu dans l'immensité des plaines. La mouette des steppes s'élevait, d'un mouvement cadensé, et se baignait voluptueusement dans les flots de l'azur ; tantôt on ne la voyait plus que comme un point noir, tantôt elle resplendissait, blanche et brillante, aux rayons du soleil.... ô mes steppes, que vous êtes belles !

Nos voyageurs ne s'arrêtaient que pour le dîner. Alors toute leur suite, qui se composait de dix Cosaques, descendait de cheval. Ils détachaient des flacons en bois, contenant l'eau-de-vie, et des moitiés de calebasses servant de gobelets. On ne mangeait que du pain et du lard ou des gâteaux secs, et chacun ne buvait qu'un seul verre, car Tarass Boulba ne permettait à personne de s'enivrer pendant la route. Et l'on se remettait en marche pour aller tant que durait le jour. Le soir venu, la steppe changeait complétement d'aspect. Toute son étendue bigarrée s'embrasait aux derniers rayons d'un soleil ardent, puis bientôt s'obscurcissait avec rapidité et laissait voir la marche de l'ombre qui, envahissant la steppe, la couvrait de la nuance uniforme d'un vert obscur. Alors les vapeurs devenaient plus épaisses; chaque fleur, chaque herbe exhalait son parfum, et toute la steppe bouillonnait de vapeurs embaumées. Sur le ciel d'un azur foncé, s'étendait de larges bandes dorées et roses qui semblaient tracées négligemment par un pinceau gigantesque. Çà et là, blanchissaient des lambeaux de nuages légers et transparents, tandis qu'une brise, fraîche et caressante comme les ondes de la mer, se balançait sur les pointes des herbes, effleurant à peine la joue du voyageur. Tout le concert de la journée s'affaiblissait, et faisait place peu à peu à un concert nouveau. Des gerboises à la robe mouchetée sortaient avec précaution de leurs gîtes, se dressaient sur les pattes de derrière, et remplissaient la steppe de leurs sifflements. Le grésillement des grillons redoublait de force, et parfois on entendait, venant d'un lac lointain, le cri du cygne solitaire, qui retentissait comme une cloche argentine dans l'air endormi. A l'entrée de la nuit, nos voyageurs s'arrêtaient au milieu des champs, allumaient un feu dont la fumée glissait obliquement dans l'espace, et, posant une marmite sur les charbons, faisaient cuire du gruau. Après avoir soupé, les Cosaques se couchaient par terre, laissant leurs chevaux errer dans l'herbe, des entraves aux pieds. Les étoiles de la nuit les regardaient dormir sur leurs caftans étendus. Ils pouvaient entendre le pétillement, le frôlement, tous les bruits du monde innombrable d'insectes qui fourmillaient dans l'herbe. Tous ces bruits, fondus dans le silence de la nuit, arrivaient harmonieux à l'oreille. Si quelqu'un d'eux se levait, toute la steppe se montrait à ses yeux diaprée par les étincelles lumineuses des vers luisants. Quelquefois la sombre obscurité du ciel s'éclairait par l'incendie des joncs secs qui croissent au bord des rivières et des lacs, et une longue rangée de cygnes allant au nord, frappés tout à coup d'une lueur enflammée, semblaient des lambeaux d'étoffes rouges volant à travers les airs.

Nos voyageurs continuaient leur route sans aventure. Nulle part, autour d'eux, ils ne voyaient un arbre ; c'était toujours la même steppe, libre, sauvage, infinie. Seulement, de temps à autre, dans un lointain profond, on distinguait la ligne bleuâtre des forêts qui bordent le Dniepr. Une seule fois, Tarass fit voir à ses fils un petit point noir qui s'agitait au loin :

« Voyez, mes enfants, dit-il, c'est un Tatar qu galope. »

En s'approchant, ils virent au-dessus de l'herbe une petite tête garnie de moustaches, qui fixa sur eux ses yeux à la fente mince et allongée, flaira l'air comme un chien courant, et disparut avec la rapidité d'une gazelle, après s'être convaincu que les Cosaques étaient au nombre de treize.

« Eh bien ! enfants, voulez-vous essayer d'attraper le Tatar? Mais, non, n'essayez pas, vous ne l'atteindriez jamais; son cheval est encore plus agile que mon Diable. »

Cependant Boulba, craignant une embûche, crut devoir prendre ses précautions. Il galopa, avec tout son monde, jusqu'aux bords d'une petite rivière nommée la Tatarka, qui se jette dans le Dniepr. Tous entrèrent dans l'eau avec leurs montures, et ils nagèrent longtemps en suivant le fil de l'eau, pour cacher leurs traces. Puis, après avoir pris pied sur l'autre rive, ils continuèrent leur route. Trois jours après, ils se trouvaient déjà proche de l'endroit qui était le but de leur voyage. Un froid subit rafraîchit l'air; ils reconnurent à cet indice la proximité du Dniepr. Voilà, en effet, qu'il miroite au loin, et se détache en bleu sur l'horizon. Plus la troupe s'approchait, plus le fleuve s'élargissait en roulant ses froides ondes; et bientôt il finit par embrasser la moitié de la terre qui se déroulait devant eux. Ils étaient arrivés à cet endroit de son cours où le Dniepr, longtemps resserré par les bancs de granit, achève de triompher de tous les obstacles, et bruit comme une mer, en couvrant les plaines conquises, où les îles dispersées au milieu de son lit refoulent ses flots encore plus loin sur les campagnes d'alentour. Les Cosaques descendirent de cheval, entrèrent dans un bac, et après une traversée de trois heures, arrivèrent à l'île Hortiza, où se trouvait alors la *setch*, qui changea si souvent de résidence. Une foule de gens se querellaient sur le bord avec les mariniers. Les Cosaques se remirent en selle; Tarass prit une attitude fière, serra son ceinturon, et fit glisser sa moustache entre ses doigts. Ses jeunes fils s'examinèrent aussi de la tête aux pieds avec une émotion timide, et tous ensemble entrèrent dans le faubourg qui précédait la *setch* d'une demi-verste. A leur entrée, ils furent assourdis par le fracas de cinquante marteaux qui frappaient l'enclume dans vingt-cinq forges souterraines et couvertes de gazon. De vigoureux corroyeurs, assis sur leurs perrons, pressuraient des peaux de bœufs dans leurs fortes mains. Des marchands colporteurs se tenaient sous leurs tentes avec des tas de briquets, de pierres à feu, et de poudre à canon. Un Arménien étalait de riches pièces d'étoffe ; un Tatar pétrissait de la pâte ; un juif, la tête baissée, tirait de l'eau-de-vie d'un tonneau. Mais ce qui attira le plus leur attention, ce fut un Zaporogue qui dormait au beau milieu de la route, bras et jambes étendus. Tarass s'arrêta, plein d'admiration :

« Comme ce drôle s'est développé, dit-il en l'examinant. Quel beau corps d'homme ! »

En effet, le tableau était achevé. Le Zaporogue s'était étendu en travers de la route comme un lion couché. Sa touffe de cheveux, fièrement rejetée en arrière, couvrait deux palmes de terrain à l'entour de sa tête. Ses pantalons de beau drap rouge avaient été salis de goudron, pour montrer le peu de cas qu'il en faisait. Après l'avoir admiré tout à son aise, Boulba continua son chemin par une rue étroite, toute remplie de métiers faits en plein vent, et de gens de toutes nations qui peuplaient ce faubourg, semblable à une foire, par lequel était nourrie et vêtue la *setch*, qui ne savait que boire et tirer le mousquet.

Enfin, ils dépassèrent le faubourg, et aperçurent plusieurs huttes éparses, couvertes de gazon ou de feutre, à la mode tatare. Devant quelques-unes, des canons étaient en batterie. On ne voyait aucune clôture, aucune maisonnette avec son perron à colonnes de bois, comme il y en avait dans le faubourg. Un petit parapet en terre et une barrière que personne ne gardait, témoignaient de la prodigieuse insouciance des habitants. Quelques robustes Zaporogues, couchés sur le chemin, leurs pipes à la bouche, les regardèrent passer avec indifférence et sans remuer de place. Tarass et ses fils passèrent au milieu d'eux avec précaution, en leur disant :

« Bonjour, seigneurs !

— Et vous, bonjour, » répondaient-ils.

On rencontrait partout des groupes pittoresques. Les visages hâlés de ces hommes montraient qu'ils avaient souvent pris part aux batailles, et éprouvé toutes sortes de vicissitudes. Voilà la *setch;* voilà le epaire d'où s'élancent tant d'hommes fiers et forts comme des lions ; voilà d'où sort la puissance cosaque pour se répandre sur toute l'Ukraine. Les voyageurs traversèrent une place spacieuse où s'assemblait habituellement le conseil. Sur un grand tonneau renversé, était assis un Zaporogue sans chemise ; il la tenait à la main, et en raccommodait gravement les trous. Le chemin leur fut de nouveau barré par une troupe entière de musiciens, au milieu desquels un jeune Zaporogue, qui avait planté son bonnet sur l'oreille, dansait avec frénésie, en élevant les mains par-dessus sa tête. Il ne cessait de criait :

« Vite, vite, musiciens, plus vite. Thomas, n'épargne pas ton eau-de-vie aux vrais chrétiens. »

Et Thomas, qui avait l'œil poché, distribuait de grandes cruches aux assistants. Autour du jeune danseur, quatre vieux Zaporogues trépignaient sur place, puis tout à coup se jetaient de côté comme un tourbillon jusque sur la tête des musiciens, puis, pliant les jambes, se baissaient jusqu'à terre, et, se redressant aussitôt, frappaient la terre de leurs talons d'argent. Le sol retentissait sourdement à l'entour, et l'air était rempli des bruits cadencés du *hoppak* et du *tropak* [1]. Parmi tous ces Cosaques, il s'en trouvait un qui criait et qui dansait avec le plus de fougue. Sa touffe de cheveux volait à tous vents, sa large poitrine était découverte, mais il avait passé dans les bras sa pelisse d'hiver, et la sueur ruisselait sur son visage.

[1] Danses cosaques.

« Mais ôte donc ta pelisse, lui dit enfin Tarass ; vois comme il fait chaud.

— C'est impossible, lui cria le Zaporogue.

— Pourquoi?

— C'est impossible, je connais mon caractère ; tout ce que j'ôte passe au cabaret. »

Le gaillard n'avait déjà plus de bonnet, plus de ceinture, plus de mouchoir brodé ; tout cela était allé où il avait dit. La foule des danseurs grossissait de minute en minute ; et l'on ne pouvait voir sans une émotion contagieuse toute cette foule se ruer à cette danse, la plus libre, la plus folle d'allure qu'on ait jamais vue dans le monde, et qui s'appelle, du nom de ses inventeurs, le *kasatchok*.

« Ah! si je n'étais pas à cheval, s'écria Tarass, je me serais mis, oui, je me serais mis à danser moi-même! »

Mais, cependant, commencèrent à se montrer dans la foule des hommes âgés, graves, respectés de toute la *setch*, qui avaient été plus d'une fois choisis pour chefs. Tarass retrouva bientôt un grand nombre de visages connus. Ostap et Andry entendaient à chaque instant les exclamations suivantes :

« Ah! c'est toi, Pétchéritza.

— Bonjour, Kosoloup.

— D'où viens-tu, Tarass?

— Et toi, Doloto?

— Bonjour, Kirdiaga.
— Bonjour, Gousti.
— Je ne m'attendais pas à te voir, Rémen. »

Et tous ces gens de guerre, qui s'étaient rassemblés là des quatre coins de la grande Russie, s'embrassaient avec effusion, et l'on n'entendait que ces questions confuses :

« Que fait Kassian? Que fait Borodavka? Et Koloper? Et Pidzichok? »

Et Tarass Boulba recevait pour réponse qu'on avait pendu Borodavka à Tolopan, écorché vif Koloper à Kisikermen, et envoyé la tête de Pidzichok salée dans un tonneau jusqu'à Constantinople. Le vieux Boulba se mit à réfléchir tristement, et répéta maintes fois :

« C'étaient de bons Cosaques! »

III

Il y avait déjà plus d'une semaine que Tarass Boulba habitait la *setch* avec ses fils. Ostap et Andry s'occupaient peu d'études militaires, car la *setch* n'aimait pas à perdre le temps en vains exercices; la jeunesse faisait son apprentissage dans la guerre même, qui, pour cette raison, se renouvelait sans cesse. Les Cosaques trouvaient tout à fait oiseux de remplir par quelques études les rares intervalles de trêve; ils aimaient tirer au blanc, galoper dans les steppes et chasser à courre. Le reste du temps se donnait à leurs plaisirs, le cabaret et la danse. Toute la *setch* présentait un aspect singulier; c'était comme une fête perpétuelle, comme une danse bruyamment commencée et qui n'arriverait jamais à sa fin. Quelques-uns s'occupaient de métiers, d'autres de petit commerce; mais la plus grande partie se divertissait du matin au soir, tant que la possibilité de le faire résonnait dans leurs poches, et que leur part de butin n'était pas encore tombée dans les mains de leurs camarades ou des cabaretiers. Cette fête continuelle avait quelque chose de magique. La *setch* n'était pas un ramassis d'ivrognes qui noyaient leurs soucis dans les pots; c'était une joyeuse bande d'hommes insouciants et vivants dans une folle ivresse de gaieté. Chacun de ceux qui venaient là oubliait tout ce qui l'avait occupé jusqu'alors. On pouvait dire, suivant leur expression, qu'il crachait sur tout son passé, et il s'adonnait avec l'enthousiasme d'un fanatique aux charmes d'une vie de liberté menée en commun avec ses pareils, qui, comme lui, n'avaient plus ni parents, ni famille, ni maisons, rien que l'air libre et l'intarissable gaieté de leur âme. Les différents récits et dialogues qu'on pouvait recueillir de cette foule nonchalamment étendue par terre avaient quelquefois une couleur si énergique et si originale, qu'il fallait avoir tout le flegme extérieur d'un Zaporogue pour ne pas se trahir, même par un petit mouvement de la moustache : caractère qui distingue les Petits-Russiens des autres races slaves. La gaieté était bruyante, quelquefois à l'excès, mais les buveurs n'étaient pas entassés dans un *kabak* [1] sale et sombre, où l'homme s'abandonne à une ivresse triste et lourde. Là ils formaient comme une réunion de camarades d'école, avec la seule différence que, au lieu d'être assis sous la sotte férule d'un maître, tristement penchés sur des livres, ils faisaient des excursions avec cinq mille chevaux; au lieu de l'étroite prairie où ils avaient joué au ballon, ils avaient des steppes spacieuses, infinies, où se montrait, dans le lointain, le Tatar agile, ou bien le Turc grave et silencieux sous son large turban. Il y avait encore cette différence que, au lieu de la contrainte qui les rassemblait dans l'école, ils s'étaient volontairement réunis, en abandonnant père, mère, et le toit paternel. On trouvait là des gens qui, après avoir eu la corde autour du cou, et déjà voués à la pâle mort, avaient revu la vie dans toute sa splendeur; d'autres encore, pour qui un ducat avait été jusque-là une fortune, et dont on aurait pu, grâce aux juifs intendants, retourner les poches sans crainte d'en

[1] Cabaret russe.

rien faire tomber. On y rencontrait des étudiants qui, n'ayant pu supporter les verges académiques, s'étaient enfuis de l'école, sans apprendre une lettre de l'alphabet, tandis qu'il y en avait d'autres qui savaient fort bien ce qu'étaient Horace, Cicéron et la république romaine. On y trouvait aussi des officiers polonais qui s'étaient distingués dans les armées du roi, et grand nombre de partisans, convaincus qu'il était indifférent de savoir où et pour qui l'on faisait la guerre, pourvu qu'on la fît, et parce qu'il est indigne d'un gentilhomme de ne pas faire la guerre. Beaucoup enfin venaient à la *setch* uniquement pour dire qu'ils y avaient été, et qu'ils en étaient revenus chevaliers accomplis. Mais qui n'y avait-il pas? Cette étrange république répondait à un besoin du temps. Les amateurs de la vie guerrière, des coupes d'or, des riches étoffes, des ducats et des sequins pouvaient en toute saison y trouver de la besogne. Il n'y avait que les amateurs du beau sexe qui n'eussent rien à faire là, car aucune femme ne pouvait se montrer même dans le faubourg de la *setch*. Ostap et Andry trouvaient très-étrange de voir une foule de gens se rendre à la *setch*, sans que personne leur demandât qui ils étaient, ni d'où ils venaient. Ils y entraient comme s'ils fussent revenus à la maison paternelle, l'ayant quittée une heure avant. Le nouveau venu se présentait au *koché-*

voï [1], et le dialogue suivant s'établissait d'habitude entre eux :

« Bonjour. Crois-tu en Jésus-Christ?
— J'y crois, répondait l'arrivant.
— Et à la sainte Trinité?
— J'y crois de même.
— Vas-tu à l'église?
— J'y vais.
— Fais le signe de la croix. »

L'arrivant le faisait.

« Bien, reprenait le *kochévoï*, va au *kourèn* qu'il te plait de choisir. »

A cela se bornait la cérémonie de la réception.

Toute la *setch* priait dans la même église, prête à la défendre jusqu'à la dernière goutte de sang, bien que ces gens ne voulussent jamais entendre parler de carême et d'abstinence. Il n'y avait que des juifs, des Arméniens et des Tatars qui, séduits par l'appât du gain, se décidaient à faire leur commerce dans le faubourg, parce que les Zaporogues n'aimaient pas à marchander, et payaient chaque objet juste avec l'argent que leur main tirait de la poche. Du reste, le sort de ces commerçants avides était très-précaire et très-digne de pitié. Il ressemblait à celui des gens qui habitent au pied du Vésuve, car dès que les Zaporogues n'avaient plus d'argent, ils brisaient leurs boutiques et prenaient

[1] Chef élu de la *setch*.

tout sans rien payer. La *setch* se composait d'au moins soixante *kouréni*, qui étaient autant de petites républiques indépendantes, ressemblant aussi à des écoles d'enfants qui n'ont rien à eux, parce qu'on leur fournit tout. Personne, en effet, ne possédait rien ; tout se trouvait dans les mains de l'*ataman* du *kourèn*, qu'on avait l'habitude de nommer *père* (*batka*). Il gardait l'argent, les habits, les provisions, et jusqu'au bois de chauffage. Souvent un *kourèn* se prenait de querelle avec un autre. Dans ce cas, la dispute se vidait par un combat à coups de poing, qui ne cessait qu'avec le triomphe d'un parti, et alors commençait une fête générale. Voilà quelle était cette *setch* qui avait tant de charme pour les jeunes gens. Ostap et Andry se lancèrent avec toute la fougue de leur âge sur cette mer orageuse, et ils eurent bien vite oublié le toit paternel, et le séminaire, et tout ce qui les avait jusqu'alors occupés. Tout leur semblait nouveau, et les mœurs vagabondes de la *setch*, et les lois fort peu compliquées qui la régissaient, mais qui leur paraissaient encore trop sévères pour une telle république. Si un Cosaque volait quelque misère, c'était compté pour une honte sur toute l'association. On l'attachait, comme un homme déshonoré, à une sorte de colonne infâme, et, près de lui, l'on posait un gros bâton dont chaque passant devait lui donner un coup jusqu'à ce que mort s'ensuivit. Le débiteur qui ne payait pas était enchaîné à un canon, et il restait à cette attache jusqu'à ce qu'un camarade consentît à payer sa dette pour le délivrer; mais Andry fut surtout frappé par le terrible supplice qui punissait le meurtrier. On creusait une fosse profonde dans laquelle on couchait le meurtrier vivant, puis on posait sur son corps le cadavre du mort enfermé dans un cercueil, et on les couvrait tous les deux de terre. Longtemps après une exécution de ce genre, Andry fut poursuivi par l'image de ce supplice horrible, et l'homme enterré vivant sous le mort se représentait incessamment à son esprit.

Les deux jeunes Cosaques se firent promptement aimer de leurs camarades. Souvent, avec d'autres membre du même *kourèn*, ou avec le *kouren* tout entier, ou même avec les *kouréni* voisins, ils s'en allaient dans la steppe à la chasse des innombrables oiseaux sauvages, des cerfs, des chevreuils; ou bien ils se rendaient sur les bords des lacs et des cours d'eau attribués par le sort à leur *kourèn*, pour jeter leurs filets et ramasser de nombreuses provisions. Quoique ce ne fût pas précisément la vraie science du Cosaque, ils se distinguaient parmi les autres par leur courage et leur adresse. Ils tiraient bien au blanc, ils traversaient le Dniepr à la nage, exploit pour lequel un jeune apprenti était solennellement reçu dans le cercle des Cosaques.

Mais le vieux Tarass leur préparait une autre sphère d'activité. Une vie si oisive ne lui plaisait pas ; il voulait arriver à la véritable affaire. Il ne cessait de réfléchir sur la manière dont on pourrait décider la *setch* à quelque hardie entreprise, où un chevalier pût se montrer ce qu'il est. Un jour, enfin, il alla trouver le *kochévoï*, et lui dit sans préambule :

« Eh bien, *kochévoï*, il serait temps que les Zaporogues allassent un peu se promener.

— Il n'y a pas où se promener, répondit le *kochévoï* en ôtant de sa bouche une petite pipe, et en crachant de côté.

— Comment, il n'y a pas où? On peut aller du côté des Turcs, ou du côté des Tatars.

— On ne peut ni du côté des Turcs, ni du côté des Tatars, répondit le *kochévoï* en remettant d'un grand sang-froid sa pipe entre ses dents.

— Mais pourquoi ne peut-on pas?

— Parce que.... nous avons promis la paix au sultan.

— Mais c'est un païen, dit Boulba ; Dieu et la sainte Écriture ordonnent de battre les païens.

— Nous n'en avons pas le droit. Si nous n'avions pas juré sur notre religion, peut-être serait-ce possible. Mais maintenant, non, c'est impossible.

— Comment, impossible! Voilà que tu dis que nous n'avons pas le droit ; et moi j'ai deux fils, jeunes tous les deux, qui n'ont encore été ni l'un ni l'autre à la guerre. Et voilà que tu dis que nous n'avons pas le droit, et voilà que tu dis qu'il ne faut pas que les Zaporogues aillent à la guerre!

— Non, ça ne convient pas.

— Il faut donc que la force cosaque se perde inutilement ; il faut donc qu'un homme périsse comme un chien sans avoir fait une bonne œuvre, sans s'être rendu utile à son pays et à la chrétienté? Pourquoi donc vivons-nous ? Pourquoi diable vivons-nous? Voyons, explique-moi cela. Tu es un homme sensé, ce n'est pas pour rien qu'on t'a fait *kochévoï*. Dis-moi, pourquoi, pourquoi vivons-nous? »

Le *kochévoï* fit attendre sa réponse. C'était un Cosaque obstiné. Après s'être tu longtemps, il finit par dire :

« Et cependant il n'y aura pas de guerre.

— Il n'y aura pas de guerre? demanda de nouveau Tarass.

— Non.

— Il ne faut plus y penser?

— Il ne faut plus y penser.

— Attends, se dit Boulba, attends, tête du diable, tu auras de mes nouvelles. »

Et il le quitta, bien décidé à se venger.

Après s'être concerté avec quelques-uns de ses amis, il invita tout le monde à boire. Les Cosaques, un peu ivres, s'en allèrent tous sur la place, où se trouvaient, attachées à des poteaux, les timbales qu'on frappait pour réunir le conseil. N'ayant pas trouvé les baguettes que gardait chez lui le timbalier, ils saisirent chacun un bâton, et se mirent à frapper sur les timbales. L'homme aux baguettes arriva le premier ; c'était un gaillard de haute taille, qui n'avait plus qu'un œil, et non fort éveillé.

« Qui ose battre l'appel ? s'écria-t-il.

— Tais-toi, prends tes baguettes, et frappe quand on te l'ordonne, » répondirent les Cosaques avinés.

Le timbalier tira de sa poche ses baguettes qu'il avait prises avec lui, sachant bien comment finissaient d'habitude de pareilles aventures. Les timbales résonnèrent, et bientôt des masses noires de Cosaques se précipitèrent sur la place, pressés comme des frelons dans une ruche. Tous se mirent en rond, et après le troisième roulement des timbales, se montrèrent enfin les chefs, à savoir le *kochévoï* avec la massue, signe de sa dignité, le juge avec le sceau de l'armée, le greffier avec son écritoire et l'*iésaoul* avec son long bâton. Le *kochévoï* et les autres chefs ôtèrent leurs bonnets pour saluer humblement les Cosaques qui se tenaient fièrement les mains sur les hanches.

« Que signifie cette réunion, et que désirez-vous, seigneurs ? » demanda le *kochévoï*. Les cris et les imprécations l'empêchèrent de continuer.

« Dépose ta massue, fils du diable ; dépose ta massue, nous ne voulons plus de toi, » s'écrièrent des voix nombreuses.

Quelques *kouréni*, de ceux qui n'avaient pas bu, semblaient être d'un avis contraire. Mais bientôt, ivres ou sobres, tous commencèrent à coups de poing, et la bagarre devint générale.

Le *kochévoï* avait eu un moment l'intention de parler ; mais, sachant bien que cette foule furieuse et sans frein pouvait aisément le battre jusqu'à mort, ce qui était souvent arrivé dans des cas pareils, il salua très-bas, déposa sa massue, et disparut dans la foule.

« Nous ordonnez-vous, seigneurs, de déposer aussi les insignes de nos charges ? » demandèrent le juge, le greffier et l'*iésaoul*, prêts à laisser à la première injonction le sceau, l'écritoire et le bâton blanc.

« Non, restez, s'écrièrent des voix parties de la foule. Nous ne voulions chasser que le *kochévoï*, parce qu'il n'est qu'une femme, et qu'il nous faut un homme pour *kochévoï*.

— Qui choisirez-vous maintenant ? demandèrent les chefs.

— Prenons Koukoubenko, s'écrièrent quelques-uns.

— Nous ne voulons pas de Koukoubenko répondirent les autres. Il est trop jeune ; le lait de sa nourrice ne lui a pas encore séché sur les lèvres.

— Que Chilo soit notre *ataman !* s'écrièrent d'autres voix ; faisons de Chilo un *kochévoï*.

— Un chilo [1] dans vos dos, répondit la foule jurant. Quel Cosaque est-ce, celui qui est parvenu en se faufilant comme un Tatar? Au diable l'ivrogne Chilo!

— Borodaty ! choisissons Borodaty !

— Nous ne voulons pas de Borodaty ; au diable Borodaty!

— Criez Kirdiaga, chuchota Tarass Boulba à l'oreille de ses affidés.

— Kirdiaga, Kirdiaga! s'écrièrent-ils.

— Kirdiaga ! Borodaty ! Borodaty! Kirdiaga! Chilo! Au diable Chilo ! Kirdiaga! »

Les candidats dont les noms étaient ainsi proclamés sortirent tous de la foule, pour ne pas laisser croire qu'ils aidaient par leur influence à leur propre élection.

« Kirdiaga! Kirdiaga! » Ce nom retentissait plus fort que les autres. « Borodaty! » répondait-on. La question fut jugée à coups de poing, et Kirdiaga triompha.

« Amenez Kirdiaga, » s'écria-t-on aussitôt. Une dizaine de Cosaques quittèrent la foule. Plusieurs

---

[1] Chilo, en russe, veut dire poinçon, alène.

d'entre eux étaient tellement ivres, qu'ils pouvaient à peine se tenir sur leurs jambes. Ils se rendirent tous chez Kirdiaga pour lui annoncer qu'il venait d'être élu. Kirdiaga, vieux Cosaque très-madré, était rentré depuis longtemps dans sa hutte, et faisait mine de ne rien savoir de ce qui se passait.

« Que désirez-vous, seigneur? demanda-t-il.

— Viens; on t'a fait *kochévoï*.

— Prenez pitié de moi, seigneurs. Comment est-il possible que je sois digne d'un tel honneur? Quel *kochévoï* ferais-je? je n'ai pas assez de talent pour remplir une pareille dignité. Comme si l'on ne pouvait pas trouver meilleur que moi dans toute l'armée.

— Va donc, va donc, puisqu'on te le dit, » lui répliquèrent les Zaporogues.

Deux d'entre eux le saisirent sous les bras, et, malgré sa résistance, il fut amené de force sur la place, bourré de coups de poing dans le dos, et accompagné de jurons et d'exhortations :

« Allons, ne recule pas, fils du diable! accepte, chien, l'honneur qu'on t'offre. »

Voilà de quelle façon Kirdiaga fut amené dans le cercle des Cosaques.

« Eh bien! seigneurs, crièrent à pleine voix ceux qui l'avaient amené, consentez-vous à ce que ce Cosaque devienne notre *kochévoï*?

— Oui! oui! nous consentons tous, tous! » répondit la foule ; et l'écho de ce cri unanime retentit longtemps dans la plaine.

L'un des chefs prit la massue et la présenta au nouveau *kochévol*. Kirdiaga, d'après la coutume, refusa de l'accepter. Le chef la lui présenta une seconde fois ; Kirdiaga la refusa encore, et ne l'accepta qu'à la troisième présentation. Un long cri de joie s'éleva dans la foule, et fit de nouveau retentir toute la plaine. Alors, du milieu du peuple, sortirent quatre vieux Cosaques à moustaches et cheveux grisonnants (il n'y en avait pas de très-vieux à la *setch*, car jamais Zaporogue ne mourut de mort naturelle) ; chacun d'eux prit une poignée de terre, que de longues pluies avaient changée en boue, et l'appliqua sur la tête de Kirdiaga. La terre humide lui coula sur le front, sur les moustaches et lui salit tout le visage. Mais Kirdiaga demeura parfaitement calme, et remercia les Cosaques de l'honneur qu'ils venaient de lui faire. Ainsi se termina cette élection bruyante qui, si elle ne contenta nul autre, combla de joie le vieux Boulba ; en premier lieu, parce qu'il s'était vengé de l'ancien *kochévol*, et puis, parce que Kirdiaga son vieux camarade, avait fait avec lui les mêmes expéditions sur terre et sur mer, et partagé les mêmes travaux, les mêmes dangers. La foule se dissipa aussitôt pour aller célébrer l'élection, et un festin universel commença, tel que jamais les fils de Tarass n'en avaient vu de

pareil. Tous les cabarets furent mis au pillage;
les Cosaques prenaient sans payer la bière, l'eau-
de vie et l'hydromel. Les cabaretiers s'estimaient
heureux d'avoir la vie sauve. Toute la nuit se passa
en cris et en chansons qui célébraient la gloire des
Cosaques ; et la lune vit, toute la nuit, se promener dans les rues des troupes de musiciens avec
leurs *bandouras* et leurs *balalaïkas* [1], et des chan-
tres d'église qu'on entretenait dans la *setch* pour
chanter les louanges de Dieu et celles des Cosaques.
Enfin le vin et la fatigue vainquirent tout le monde.
Peu à peu toutes les rues se jonchèrent d'hommes
étendus. Ici c'était un Cosaque qui, attendri, éploré,
se pendait au cou de son camarade, et tous deux
tombaient embrassés. Là tout un groupe était renversé pêle-mêle. Plus loin, un ivrogne choisissait
longtemps une place pour se coucher, et finissait
par s'étendre sur une pièce de bois. Le dernier, le
plus fort de tous, marcha longtemps en trébuchant
sur les corps et en balbutiant des paroles incohérentes ; mais enfin il tomba comme les autres, et
toute la *setch* s'endormit.

[1] Grandes et petites guitares.

IV

Dès le lendemain, Tarass Boulba se concertait avec le nouveau *kochévoï*, pour savoir comment l'on pourrait décider les Zaporogues à une résolution. Le *kochévoï* était un Cosaque fin et rusé qui connaissait bien ses Zaporogues. Il commença par dire :

« C'est impossible de violer le serment, c'est impossible. »

Et puis, après un court silence, il reprit :

« Oui, c'est possible. Nous ne violerons pas le serment, mais nous inventerons quelque chose. Seulement faites en sorte que le peuple se rassemble, non sur mon ordre, mais par sa propre volonté. Vous savez bien comment vous y prendre; et moi, avec les anciens, nous accourrons aussitôt sur la place comme si nous ne savions rien. »

Une heure ne s'était pas passée depuis leur entretien, quand les timbales résonnèrent de nouveau. La place fut bientôt couverte d'un million de bonnets cosaques. On commença à se faire des questions :

« Quoi ?... Pourquoi ?... Qu'a-t-on à battre les timbales ? »

Personne ne répondait. Peu à peu, néanmoins, on entendit dans la foule les propos suivants :

« La force cosaque périt à ne rien faire.... Il n'y a pas de guerre, pas d'entreprise.... Les anciens sont des fainéants ; ils ne voient plus, la graisse les aveugle. Non, il n'y a pas de justice au monde. »

Les autres Cosaques écoutaient en silence, et ils finirent par répéter eux-mêmes :

« Effectivement, il n'y a pas du tout de justice au monde. »

Les anciens paraissaient fort étonnés de pareils discours. Enfin le *kochévoï* s'avança, et dit :

« Me permettez-vous de parler, seigneurs Zaporogues ?

— Parle.

— Mon discours, seigneurs, sera fait en considération de ce que la plupart d'entre vous, et vous le savez sans doute mieux que moi, doivent tant d'argent aux juifs des cabarets et à leurs camarades, qu'aucun diable ne fait plus crédit. Puis ensuite mon discours sera fait en considération de ce qu'il y a parmi nous beaucoup de jeunes gens qui n'ont jamais vu la guerre de près, tandis qu'un jeune homme, vous le savez vous-mêmes, seigneurs, ne peut exister sans la guerre. Quel Zaporogue est-ce, s'il n'a jamais battu de païen?

— Il parle bien, pensa Boulba.

— Ne croyez pas cependant, seigneurs, que je

dise tout cela pour violer la paix. Non, que Dieu m'en garde ! je ne dis cela que comme cela. En outre, le temple du Seigneur, chez nous, est dans un tel état que c'est pêcher de dire ce qu'il est. Il y a déjà bien des années que, par la grâce du Seigneur, la *setch* existe ; et jusqu'à présent, non-seulement le dehors de l'église, mais les saintes images de l'intérieur n'ont pas le moindre ornement. Personne ne songe même à leur faire battre une robe d'argent [1]. Elles n'ont reçu que ce que certains Cosaques leur ont laissé par testament. Il est vrai que ces dons-là étaient bien peu de chose, car ceux qui les ont faits avaient de leur vivant bu tout leur avoir. De façon que je ne fais pas de discours pour vous décider à la guerre contre les Turcs, parce que nous avons promis la paix au sultan, et que ce serait un grand péché de se dédire, attendu que nous avons juré sur notre religion.

— Que diable embrouille-t-il ? se dit Boulba.

— Vous voyez, seigneurs, qu'il est impossible de commencer la guerre ; l'honneur des chevaliers ne le permet pas. Mais voici ce que je pense, d'après mon pauvre esprit. Il faut envoyer les jeunes gens sur des canots, et qu'ils écument un peu les côtes de l'Anatolie. Qu'en pensez-vous, seigneurs ?

— Conduis-nous, conduis-nous tous ? s'écria la

---

[1] Dans les anciens tableaux des églises grecques, les images sont habillées de robes en métal battu et ciselé.

foule de tous côtés. Nous sommes tous prêts à périr pour la religion. »

Le *kochévoï* s'épouvanta ; il n'avait nullement l'intention de soulever toute la *setch;* il lui semblait dangereux de rompre la paix.

« Permettez-moi, seigneurs, de parler encore.

— Non, c'est assez, s'écrièrent les Zaporogues ; tu ne diras rien de mieux que ce que tu as dit.

— Si c'est ainsi, il sera fait comme vous le désirez. Je suis le serviteur de votre volonté. C'est une chose connue, et la sainte Écriture le dit, que la voix du peuple est la voix de Dieu. Il est impossible d'imaginer jamais rien de plus sensé que ce qu'a imaginé le peuple ; mais voilà ce qu'il faut que je vous dise. Vous savez, seigneurs, que le sultan ne laissera pas sans punition le plaisir que les jeunes gens se seront donné ; et nos forces eussent été prêtes, et nous n'eussions craint personne. Et pendant notre absence, les Tatars peuvent nous attaquer. Ce sont les chiens des Turcs ; ils n'osent pas vous prendre en face, ils n'entrent pas dans la maison tant que le maître l'occupe ; mais ils vous mordent les talons par derrière, et de façon à faire crier. Et puis, s'il faut dire la vérité, nous n'avons pas assez de canots en réserve, ni assez de poudre pour que nous puissions tous partir. Du reste, je suis prêt à faire ce qui vous convient, je suis le serviteur de votre volonté. »

Le rusé *kochévoï* se tut. Les groupes commencèrent à s'entretenir ; les *atamans* des *kouréni* entrèrent en conseil. Par bonheur, il n'y avait pas beaucoup de gens ivres dans la foule, et les Cosaques se décidèrent à suivre le prudent avis de leur chef.

Quelques-uns d'entre eux passèrent aussitôt sur la rive du Dniepr, et allèrent fouiller le trésor de l'armée, là où dans des souterrains inabordables, creusés sous l'eau et sous les joncs, se cachait l'argent de la *setch*, avec les canons et les armes pris à l'ennemi. D'autres s'empressèrent de visiter les canots et de les préparer pour l'expédition. En un instant, le rivage se couvrit d'une foule animée. Des charpentiers arrivaient avec leurs haches ; de vieux Cosaques hâlés, aux moustaches grises, aux épaules larges, aux fortes jambes, se tenaient jusqu'aux genoux dans l'eau, les pantalons retroussés, et tiraient les canots avec des cordes pour les mettre à flot. D'autres traînaient des poutres sèches et des pièces de bois. Ici l'on ajustait des planches à un canot ; là, après l'avoir renversé la quille en l'air, on le calfatait avec du goudron ; plus loin, on attachait aux deux flancs du canot, d'après la coutume cosaque, de longues bottes de joncs, pour empêcher les vagues de la mer de submerger cette frêle embarcation. Des feux étaient allumés sur tout le rivage. On faisait bouillir la poix dans des chaudrons de cuivre. Les anciens, les expérimentés, enseignaient aux jeunes. Des cris d'ouvriers et les bruits de leur ouvrage retentissaient de toutes parts. La rive entière du fleuve se mouvait et vivait.

Dans ce moment, un grand bac se montra en vue du rivage. La foule qui l'encombrait faisait de loin des signaux. C'étaient des Cosaques couverts de haillons. Leurs vêtements déguenillés (plusieurs d'entre eux n'avaient qu'une chemise et une pipe) montraient qu'ils venaient d'échapper à quelque grand malheur, ou qu'ils avaient bu jusqu'à leur défroque. L'un d'eux, petit, trapu, et qui pouvait avoir cinquante ans, se détacha de la foule, et vint se placer sur l'avant du bac. Il criait plus fort et faisait des gestes plus énergiques que tous les autres ; mais le bruit des travailleurs à l'œuvre empêchait d'entendre ses paroles.

« Qu'est-ce qui vous amène? » demanda enfin le *kochévoï*, quand le bac toucha la rive. Tous les ouvriers suspendirent leurs travaux, cessèrent le bruit, et regardèrent dans une silencieuse attente, en soulevant leurs haches ou leurs rabots.

« Un malheur, répondit le petit Cosaque de l'avant.
— Quel malheur ?
— Me permettez-vous de parler, seigneurs Zaporogues ?
— Parle.

— Ou voulez-vous plutôt rassembler un conseil?

— Parle, nous sommes tous ici. »

Et la foule se réunit en un seul groupe.

« Est-ce que vous n'avez rien entendu dire de ce qui se passe dans l'Ukraine?

— Quoi? demanda un des *atamans* de *kourèn*.

— Quoi? reprit l'autre; il paraît que les Tatars vous ont bouché les oreilles avec de la colle pour que vous n'ayez rien entendu.

— Parle donc, que s'y fait-il?

— Il s'y fait des choses comme il ne s'en est jamais fait depuis que nous sommes au monde et que nous avons reçu le baptême.

— Mais, dis donc ce qui s'y fait, fils de chien, s'écria de la foule quelqu'un qui avait apparemment perdu patience.

— Il s'y fait que les saintes églises ne sont plus à nous.

— Comment, plus à nous?

— On les a données à bail aux juifs, et si on ne paye pas le juif d'avance, il est impossible de dire la messe.

— Qu'est-ce que tu chantes-là?

— Et si l'infâme juif ne met pas, avec sa main impure, un petit signe sur l'hostie, il est impossible de la consacrer.

— Il ment, seigneurs et frères, comment se

peut-il qu'un juif impur mette un signe sur la sainte hostie?...

— Écoutez, je vous en conterai bien d'autres. Les prêtres catholiques (*kseunz*) ne vont pas autrement, dans l'Ukraine, qu'en *tarataïka* [1]. Ce ne serait pas un mal, mais voilà ce qui est un mal, c'est qu'au lieu de chevaux, on attelle des chrétiens de la bonne religion [2]. Écoutez, écoutez, je vous en conterai bien d'autres. On dit que les juives commencent à se faire des jupons avec les chasubles de nos prêtres. Voilà ce qui se fait dans l'Ukraine, seigneurs. Et vous, vous êtes tranquillement établis dans la *setch*, vous buvez, vous ne faites rien, et, à ce qu'il paraît, les Tatars vous ont fait si peur, que vous n'avez plus d'yeux ni d'oreilles, et que vous n'entendez plus parler de ce qui se passe dans le monde.

— Arrête, arrête, » interrompit le *kochévoï* qui s'était tenu jusque-là immobile et les yeux baissés, comme tous les Zaporogues, qui, dans les grandes occasions, ne s'abandonnaient jamais au premier élan, mais se taisaient pour rassembler en silence toutes les forces de leur indignation, « arrête, et moi, je dirai une parole. Et vous donc, vous autres, que le diable rosse vos pères! que faisiez-vous? N'aviez-vous pas de sabres, par hasard? Com-

[1] Petite calèche longue.
[2] La religion grecque.

ment avez-vous permis une pareille abomination?

— Comment nous avons permis une pareille abomination? Et vous, auriez-vous mieux fait quand il y avait cinquante mille hommes des seuls Polonais? Et puis, il ne faut pas déguiser notre péché, il y avait aussi des chiens parmi les nôtres, qui ont accepté leur religion.

— Et que faisait votre *hetman*? que faisaient vos *polkovniks*?

— Ils ont fait de telles choses que Dieu veuille nous en préserver.

— Comment?

— Voilà comment : notre *hetman* se trouve maintenant à Varsovie rôti dans un bœuf de cuivre, et les têtes de nos *polkovniks* se sont promenées avec leurs mains dans toutes les foires pour être montrées au peuple. Voilà ce qu'ils ont fait. »

Toute la foule frissonna. Un grand silence s'établit sur le rivage entier, semblable à celui qui précède les tempêtes. Puis, tout à coup, les cris, les paroles confuses éclatèrent de tous côtés.

« Comment! que les juifs tiennent à bail les églises chrétiennes! que les prêtres attellent des chrétiens au brancard! Comment! permettre de pareils supplices sur la terre russe, de la part de maudits schismatiques! Qu'on puisse traiter ainsi les *polkov-*

niks et les *hetmans!* non, ce ne sera pas, ce ne sera pas. »

Ces mots volaient de côté et d'autre. Les Zaporogues commençaient à se mettre en mouvement. Ce n'était pas l'agitation d'un peuple mobile. Ces caractères lourds et forts ne s'enflammaient pas promptement; mais une fois échauffés, ils conservaient longtemps et obstinément leur flamme intérieure.

« Pendons d'abord tous les juifs, s'écrièrent des voix dans la foule; qu'ils ne puissent plus faire de jupes à leurs juives avec les chasubles des prêtres ! qu'ils ne mettent plus de signes sur les hosties ! noyons toute cette canaille dans le Dniepr ! »

Ces mots prononcés par quelques-uns volèrent de bouche en bouche aussi rapidement que brille l'éclair, et toute la foule se précipita sur le faubourg avec l'intention d'exterminer tous les juifs.

Les pauvres fils d'Israël ayant perdu, dans leur frayeur, toute présence d'esprit, se cachaient dans des tonneaux vides, dans les cheminées, et jusque sous les jupes de leurs femmes. Mais les Cosaques savaient bien les trouver partout.

« Sérénissimes seigneurs, s'écriait un juif long et sec comme un bâton, qui montrait du milieu de ses camarades sa chétive figure toute bouleversée par la peur; sérénissimes seigneurs, permettez-nous de vous dire un mot, rien qu'un mot. Nous vous dirons une chose comme vous n'en avez jamais entendue, une chose de telle importance, qu'on ne peut pas dire combien elle est importante.

— Voyons, parlez, dit Boulba, qui aimait toujours à entendre l'accusé.

— Excellentissimes seigneurs, dit le juif, on n'a jamais encore vu de pareils seigneurs, non, devant Dieu, jamais. Il n'y a pas eu au monde d'aussi nobles, bons et braves seigneurs. »

Sa voix s'étouffait et mourait d'effroi.

« Comment est-ce possible que nous pensions mal des Zaporogues? Ce ne sont pas les nôtres qui sont les fermiers d'églises dans l'Ukraine; non, devant Dieu, ce ne sont pas les nôtres. Ce ne sont pas même des juifs; le diable sait ce que c'est. C'est une chose sur laquelle il ne faut que cracher, et la jeter ensuite. Ceux-ci vous diront la même chose. N'est-ce pas, Chleuma? n'est-ce pas, Chmoul?

— Devant Dieu, c'est bien vrai, répondirent de la foule Chleuma et Chmoul, tous deux vêtus d'habits en lambeaux, et blêmes comme du plâtre.

— Jamais encore, continua le long juif, nous n'avons eu de relations avec l'ennemi, et nous ne voulons rien avoir à faire avec les catholiques. Qu'ils voient le diable en songe! nous sommes comme des frères avec les Zaporogues.

— Comment! que les Zaporogues soient vos

frères! s'écria quelqu'un de la foule. Jamais, maudits juifs. Au Dniepr, cette maudite canaille ! »

Ces mots servirent de signal. On empoigna les juifs, et on commença à les lancer dans le fleuve. Des cris plaintifs s'élevaient de tous côtés; mais les farouches Zaporogues ne faisaient que rire en voyant les grêles jambes des juifs, chaussées de bas et de souliers, s'agiter dans les airs. Le pauvre orateur, qui avait attiré un si grand désastre sur les siens et sur lui-même, s'arracha de son caftan, par lequel on l'avait déjà saisi, en petite camisole étroite et de toutes couleurs, embrassa les pieds de Boulba, et se mit à le supplier d'une voix lamentable.

« Magnifique et sérénissime seigneur, j'ai connu votre frère, le défunt Doroch. C'était un vrai guerrier, la fleur de la chevalerie. Je lui ai prêté huit cents sequins pour se racheter des Turcs.

— Tu as connu mon frère? lui dit Tarass.

— Je l'ai connu, devant Dieu. C'était un seigneur très-généreux.

— Et comment te nomme-t-on?

— Yankel.

— Bien, » dit Tarass.

Puis, après avoir réfléchi :

« Il sera toujours temps de pendre le juif, dit-il aux Cosaques. Donnez-le-moi pour aujourd'hui. »

Ils y consentirent. Tarass le conduisit à ses chariots près desquels se tenaient ses Cosaques.

« Allons, fourre-toi sous ce chariot, et ne bouge plus. Et vous, frères, ne laissez pas sortir le juif. »

Cela dit, il s'en alla sur la place, où la foule s'était dès longtemps rassemblée. Tout le monde avait abandonné le travail des canots, car ce n'était pas une guerre maritime qu'ils allaient faire, mais une guerre de terre ferme. Au lieu de chaloupes et de rames, il leur fallait maintenant des chariots et des coursiers. A cette heure, chacun voulait se mettre en campagne, les vieux comme les jeunes; et tous d'après le consentement des anciens, le *kochévoï* et les *atamans* des *kouréni*, avaient résolu de marcher droit sur la Pologne, pour venger toutes leurs offenses, l'humiliation de la religion et de la gloire cosaque, pour ramasser du butin dans les villes ennemies, brûler les villages et les moissons, faire enfin retentir toute la steppe du bruit de leurs hauts faits. Tous s'armaient. Quant au *kochévoï*, il avait grandi de toute une palme. Ce n'était plus le serviteur timide des caprices d'un peuple voué à la licence; c'était un chef dont la puissance n'avait pas de bornes, un despote qui ne savait que commander et se faire obéir. Tous les *chevaliers* tapageurs et volontaires se tenaient immobiles dans les rangs, la tête respectueusement baissée, et n'osant lever les regards, pendant qu'il distribuait ses ordres avec lenteur, sans colère, sans cri, comme un chef vieilli dans l'exercice du pouvoir, et qui n'exécutait pas pour la première fois des projets longuement mûris.

« Examinez bien si rien ne vous manque, leur disait-il ; préparez vos chariots, essayez vos armes ; ne prenez pas avec vous trop d'habillements. Une chemise et deux pantalons pour chaque Cosaque, avec un pot de lard et d'orge pilée. Que personne n'emporte davantage. Il y aura des effets et des provisions dans les bagages. Que chaque Cosaque emmène une paire de chevaux. Il faut prendre aussi deux cents paires de bœufs ; ils nous seront nécessaires dans les endroits marécageux et au passage des rivières. Mais de l'ordre surtout, seigneurs, de l'ordre. Je sais qu'il y a des gens parmi vous qui, si Dieu leur envoie du butin, se mettent à déchirer les étoffes de soie pour s'en faire des bas. Abandonnez cette habitude du diable ; ne vous chargez pas de jupons ; prenez seulement les armes, quand elles sont bonnes, ou les ducats et l'argent, car cela tient peu de place et sert partout. Mais que je vous dise encore une chose, seigneurs : si quelqu'un de vous s'enivre à la guerre, je ne le ferai pas même juger. Je le ferai traîner comme un chien jusqu'aux chariots, fût-il le meilleur Cosaque de l'armée; et là il sera fusillé comme un chien, et abandonné sans sépulture aux oiseaux. Un ivrogne, à la guerre, n'est pas digne d'une sépulture chrétienne. Jeunes gens, en toutes choses écoutez les anciens. Si une balle vous frappe, si un sabre vous écorche la tête ou quelque autre endroit, n'y faites pas grande attention; jetez une charge de poudre dans un verre d'eau-de-vie, avalez cela d'un trait, et tout passera. Vous n'aurez pas même de fièvre. Et si la blessure n'est pas trop profonde, mettez-y tout bonnement de la terre, après l'avoir humectée de salive sur la main. A l'œuvre, à l'œuvre, enfants! hâtez-vous sans vous presser. »

Ainsi parlait le *kochévol*, et dès qu'il eut fini son discours, tous les Cosaques se mirent à la besogne. La *setch* entière devint sobre; on n'aurait pu y rencontrer un seul homme ivre, pas plus que s'il ne s'en fût jamais trouvé parmi les Cosaques. Les uns réparaient les cercles des roues ou changeaient les essieux des chariots; les autres y entassaient des armes ou des sacs de provisions; d'autres encore amenaient les chevaux et les bœufs. De toutes parts retentissaient le piétinement des bêtes de somme, le bruit des coups d'arquebuse tirés à la cible, le choc des sabres contre les éperons, les mugissements des bœufs, les grincements des chariots chargés, et les voix d'hommes parlant entre eux ou excitant leurs chevaux.

Bientôt le *tabor* [1] des Cosaques s'étendit en une longue file, se dirigeant vers la plaine. Celui qui aurait voulu parcourir tout l'espace compris entre la tête et la queue du convoi aurait eu longtemps à courir. Dans la petite église en bois, le pope récitait la prière du départ; il aspergea toute la foule d'eau bénite, et chacun, en passant, vint baiser la croix. Quand le *tabor* se mit en mouvement, et s'éloigna de la *setch*, tous les Cosaques se retournèrent :

« Adieu, notre mère, dirent-ils d'une commune voix, que Dieu te garde de tout malheur! »

En traversant le faubourg, Tarass Boulba aperçut son juif Yankel qui avait eu le temps de s'établir sous une tente, et qui vendait des pierres à feu, des vis, de la poudre, toutes les choses utiles à la guerre, même du pain et des *khalatchis* [2].

« Voyez-vous ce diable de juif? » pensa Tarass ; et, s'approchant de lui : « Fou que tu es, lui dit-il, que fais-tu là ? Veux-tu donc qu'on te tue comme un moineau ? »

Yankel, pour toute réponse, vint à sa rencontre, et faisant signe des deux mains, comme s'il avait

---

[1] Camp mouvant, caravane armée.
[2] Pains de froment pur.

à lui déclarer quelque chose de très-mystérieux, il lui dit :

« Que votre seigneurie se taise, et n'en dise rien à personne. Parmi les chariots de l'armée, il y a un chariot qui m'appartient. Je prends avec moi toutes sortes de provisions bonnes pour les Cosaques, et en route, je vous les vendrai à plus bas prix que jamais juif n'a vendu, devant Dieu, devant Dieu ! »

Tarass Boulba haussa les épaules, en voyant ce que pouvait la force de la nature juive, et rejoignit le *tabor*.

V

Bientôt toute la partie sud-est de la Pologne fut en proie à la terreur. On entendait répéter partout : Les Zaporogues, les Zaporogues arrivent! Tout ce qui pouvait fuir fuyait; chacun quittait ses foyers. Alors, précisément, dans cette contrée de l'Europe, on n'élevait ni forteresses, ni châteaux. Chacun se construisait à la hâte quelque petite habitation couverte de chaume, pensant qu'il ne fallait perdre ni son temps ni son argent à bâtir des demeures qui seraient tôt ou tard la proie des invasions. Tout le monde se mit en émoi. Celui-ci échangeait ses bœufs et sa charrue contre un cheval et un mousquet, pour aller servir dans les régiments; celui-là cherchait un refuge avec son bétail, emportant tout ce qu'il pouvait enlever. Quelques-uns essayaient bien une résistance toujours vaine ; mais la plus grande partie fuyaient prudemment. Tout le monde savait qu'il n'était pas facile d'avoir affaire avec cette foule aguerrie aux combats, connue sous le nom d'armée zaporogue, qui, malgré son organisation irrégulière, conservait dans la bataille un ordre calculé. Pendant la marche, les hommes à cheval s'avançaient lentement, sans surcharger et sans fatiguer leurs montures ; les gens de pied suivaient en bon ordre les chariots, et tout le *tabor* ne se mettait en mouvement que la nuit, prenant du repos le jour, et choisissant pour ses haltes des lieux déserts ou des forêts, plus vastes encore et plus nombreuses qu'aujourd'hui. On envoyait en avant des éclaireurs et des espions pour savoir où et comment se diriger. Souvent les Cosaques apparaissaient dans les endroits où ils étaient le moins attendus ; alors tout ce qui était vivant disait adieu à la vie. Des incendies dévoraient les villages entiers ; les chevaux et les bœufs qu'on ne pouvait emmener étaient tués sur place. Les cheveux se dressent d'horreur quand on pense à toutes les atrocités que commettaient les Zaporogues. On massacrait les enfants, on coupait les seins aux femmes ; au petit nombre de ceux qu'on laissait en liberté, on arrachait la peau, du genou jusqu'à la plante des pieds ; en un mot, les Cosaques acquittaient en une seule fois toutes leurs vieilles dettes. Le prélat d'un monastère, qui eut connaissance de leur approche envoya deux de ses moines pour leur représenter qu'il y avait paix entre le gouvernement polonais et les Zaporogues, qu'ainsi ils violaient leur devoir envers le roi et tout droit des gens.

« Dites à l'abbé de ma part et de celle de tous les Zaporogues, répondit le *kochévoï*, qu'il n'a rien à craindre. Mes Cosaques ne font encore qu'allumer leurs pipes. »

Et bientôt la magnifique abbaye fut tout entière livrée aux flammes ; et les colossales fenêtres gothiques semblaient jeter des regards sévères à travers les ondes lumineuses de l'incendie. Des foules de moines fugitifs, de juifs, de femmes, s'entassèrent dans les villes entourées de murailles et qui avaient garnison.

Les secours tardifs envoyés par le gouvernement de loin en loin, et qui consistaient en quelques faibles régiments, ou ne pouvaient découvrir les Cosaques, ou s'enfuyaient au premier choc, sur leurs chevaux rapides. Il arrivait aussi que des généraux du roi, qui avaient triomphé dans mainte affaire, se décidaient à réunir leurs forces, et à présenter la bataille aux Zaporogues. C'étaient de pareilles rencontres qu'attendaient surtout les jeunes Cosaques, qui avaient honte de piller ou de vaincre des ennemis sans défense, et qui brûlaient du désir de se distinguer devant les anciens, en se mesurant avec un Polonais hardi et fanfaron, monté sur un beau cheval, et vêtu d'un riche *joupan* [1] dont les manches pendantes flottaient au vent. Ces combats étaient recherchés par eux comme un plaisir, car ils y trouvaient l'occasion de faire un riche butin de sabres, de mousquets et de harnais de chevaux. De jeunes hommes au menton imberbe étaient devenus en un mois des hommes faits. Les traits de leurs visages, où s'était jusque-là montrée une mollesse juvénile, avaient pris l'énergie de la force. Le vieux Tarass était ravi de voir que partout ses fils marchaient au premier rang. Évidemment la guerre était la véritable vocation d'Ostap. Sans jamais perdre la tête, avec un sang-froid presque surnaturel dans un jeune homme de vingt-deux ans, il mesurait d'un coup d'œil l'étendue du danger, la vraie situation des choses, et trouvait sur-le-champ le moyen d'éviter le péril, mais de l'éviter pour le vaincre avec plus de certitude. Toutes ses actions commencèrent à montrer la confiance en soi, la fermeté calme, et personne ne pouvait méconnaître en lui un chef futur.

[1] Redingote polonaise.

« Oh ! ce sera avec le temps un bon *polkovnik*, disait le vieux Tarass ; devant Dieu, ce sera un bon *polkovnik*, et il surpassera son père. »

Pour Andry, il se laissait emporter au charme de la musique des balles et des sabres. Il ne savait pas ce que c'était que réfléchir, calculer, mesurer ses forces et celles de l'ennemi. Il trouvait une volupté folle dans la bataille. Elle lui semblait une fête, à ces instants où la tête du combattant brûle, où tout se confond à ses regards, où les hommes et les chevaux tombent pêle-mêle avec fracas, où il se précipite tête baissée à travers le sifflement des balles, frappant à droite et à gauche, sans ressentir les coups qui lui sont portés. Plus d'une fois le vieux Tarass eut l'occasion d'admirer Andry, lorsque, emporté par sa fougue, il se jetait dans des entreprises que n'eût tentées nul homme de sang-froid, et réussissait justement par l'excès de sa témérité. Le vieux Tarass l'admirait alors, et répétait souvent :

« Oh ! celui-là est un brave ; que le diable ne l'emporte pas ! ce n'est pas Ostap, mais c'est un brave. »

Il fut décidé que l'armée marcherait tout droit sur la vile de Doubno, où, d'après le bruit public, les habitants avaient renfermé beaucoup de richesses. L'intervalle fut parcouru en un jour et demi, et les Zaporogues parurent inopinément devant la place. Les habitants avaient résolu de se défendre jusqu'à la dernière extrémité, préférant mourir sur le seuil de leurs demeures que laisser entrer l'ennemi dans leurs murs. Une haute muraille en terre entourait toute la ville; là où elle était trop basse, s'élevait un parapet en pierre, ou une maison crénelée, ou une forte palissade en pieux de chêne. La garnison était nombreuse, et sentait toute l'importance de son devoir. A leur arrivée, les Zaporogues attaquèrent vigoureusement les ouvrages extérieurs; mais ils furent reçus par la mitraille. Les bourgeois, les habitants ne voulaient pas non plus rester oisifs, et se tenaient en armes sur les remparts. On pouvait voir à leur contenance qu'ils se préparaient à une résistance désespérée. Les femmes même prenaient part à la défense; des pierres, des sacs de sable, des tonneaux de résine enflammée tombaient sur la tête des assaillants. Les Zaporogues n'aimaient pas avoir affaire aux forteresses; ce n'était pas dans les assauts qu'ils brillaient. Le *kochévoï* ordonna donc la retraite en disant :

« Ce n'est rien, seigneurs frères, décidons-nous à reculer. Mais que je sois un maudit Tatar, et non pas un chrétien, si nous laissons sortir un seul habitant. Qu'ils meurent tous de faim comme des chiens. »

Après avoir battu en retraite, l'armée bloqua

étroitement la place, et n'ayant rien autre chose à faire, les Cosaques se mirent à ravager les environs, à brûler les villages et les meules de blé, à lancer leurs chevaux dans les moissons encore sur pied, et qui cette année-là avaient récompensé les soins du laboureur par une riche croissance. Du haut des murailles, les habitants voyaient avec terreur la dévastation de toutes leurs ressources. Cependant les Zaporogues, disposés en *kouréni* comme à la *setch*, avaient entouré la ville d'un double rang de chariots. Ils fumaient leurs pipes, échangeaient entre eux les armes prises à l'ennemi, et jouaient au saute-mouton, à pair et impair, regardant la ville avec un sang-froid désespérant; et, pendant la nuit, les feux s'allumaient; chaque *kourèn* faisait bouillir son gruau dans d'énormes chaudrons de cuivre; une garde vigilante se succédait auprès des feux. Mais bientôt les Zaporogues commencèrent à s'ennuyer de leur inaction, et surtout de leur sobriété forcée dont nulle action d'éclat ne les dédommageait. Le *kochévoï* ordonna même de doubler la ration de vin, ce qui se faisait quelquefois dans l'armée, quand il n'y avait pas d'entreprise à tenter. C'était surtout aux jeunes gens, et notamment aux fils de Boulba, que déplaisait une pareille vie. Andry ne cachait pas son ennui :

« Tête sans cervelle, lui disait souvent Tarass,

— souffre, Cosaque, tu deviendras *hetman*[1]. — Celui-là n'est pas encore un bon soldat qui garde sa présence d'esprit dans la bataille ; mais celui-là est un bon soldat qui ne s'ennuie jamais, qui sait souffrir jusqu'au bout, et, quoi qu'il arrive, finit par faire ce qu'il a résolu. »

Mais un jeune homme ne peut avoir l'opinion d'un vieillard, car il voit les mêmes choses avec d'autres yeux.

Sur ces entrefaites, arriva le *polk* de Tarass Boulba amené par Tovkatch. Il était accompagné de deux *iésaouls*, d'un greffier et d'autres chefs, conduisant une troupe d'environ quatre mille hommes. Dans ce nombre, se trouvaient beaucoup de volontaires, qui, sans être appelés, avaient pris librement du service, dès qu'ils avaient connu le but de l'expédition. Les *iésaouls* apportaient aux fils de Tarass la bénédiction de leur mère, et à chacun d'eux une petite image en bois de cyprès, prise au célèbre monastère de Mégigorsk à Kiew. Les deux frères se pendirent les saintes images au cou, et devinrent tous les deux pensifs en songeant à leur vieille mère. Que leur prophétisait cette bénédiction ? La victoire sur l'ennemi, suivie d'un joyeux retour dans la patrie, avec du butin, et surtout de la gloire digne d'être éternellement

---

[1] Phrase proverbiale en Russie.

chantée par les joueurs de *bandoura*, ou bien...?
Mais l'avenir est inconnu; il se tient devant
l'homme, semblable à l'épais brouillard d'automne
qui s'élève des marais. Les oiseaux le traversent
éperdument, sans se reconnaître, la colombe sans
voir l'épervier, l'épervier sans voir la colombe, et
pas un d'eux ne sait s'il est près ou loin de sa fin.

Après la réception des images, Ostap s'occupa
de ses affaires de chaque jour, et se retira bientôt
dans son *kourèn*. Pour Andry, il ressentait involontairement un serrement de cœur. Les Cosaques
avaient déjà pris leur souper. Le soir venait de
s'éteindre; une belle nuit d'été remplissait l'air.
Mais Andry ne rejoignait pas son *kourèn*, et ne pensait point à dormir. Il était plongé dans la con-
templation du spectacle qu'il avait sous les yeux.
Une innombrable quantité d'étoiles jetaient du haut
du ciel une lumière pâle et froide. La plaine, dans
une vaste étendue, était couverte de chariots dispersés que chargeaient les provisions et le butin,
et sous lesquels pendaient les seaux à porter le
goudron. Autour et sous les chariots, se voyaient
des groupes de Zaporogues étendus dans l'herbe.
Ils dormaient dans toutes sortes de positions. L'un
avait mis un sac sous sa tête, l'autre son bonnet;
celui-ci s'appuyait sur le flanc de son camarade.
Chacun portait à sa ceinture un sabre, un mousquet, une petite pipe en bois, un briquet et des

poinçons. Les bœufs pesants étaient couchés, les jambes pliées, en troupes blanchâtres, et ressemblaient de loin à de grosses pierres immobiles éparses dans la plaine, de tous côtés s'élevaient les sourds ronflements des soldats endormis, auxquels répondaient par des hennissements sonores les chevaux qu'indignaient leurs entraves.

Cependant une lueur solennelle et lugubre ajoutait encore à la beauté de cette nuit de juillet; c'était le reflet de l'incendie des villages d'alentour. Ici, la flamme s'étendait large et paisible sur le ciel; là trouvant un aliment faible, elle s'élançait en minces tourbillons jusque sous les étoiles; des lambeaux enflammés se détachaient pour se traîner et s'éteindre au loin. De ce côté, un monastère aux murs noircis par le feu, se tenait sombre et grave comme un moine encapuchonné, montrant à chaque reflet sa lugubre grandeur; de cet autre, brûlait le grand jardin du couvent. On croyait entendre le sifflement des arbres que tordait la flamme, et quand, au sein de l'épaisse fumée, jaillissait un rayon lumineux, il éclairait de sa lueur violâtre des masses de prunes mûries, et changeait en or de ducats des poires qui jaunissaient à travers le sombre feuillage. D'une et d'autre part, pendait aux créneaux ou aux branches quelque moine ou quelque malheureux juif dont le corps se consumait avec tout le reste. Une quantité d'oiseaux s'agitaient devant la nappe de feu, et, de loin, semblaient autant de petites croix noires. La ville dormait, dégarnie de défenseurs. Les flèches des temples, les toits des maisons, les créneaux des murs et les pointes des palissades s'enflammaient silencieusement du reflet des incendies lointains. Andry parcourait les rangs des Cosaques. Les feux, autour desquels s'asseyaient les gardes, ne jetaient plus que de faibles clartés, et les gardes eux-mêmes se laissaient aller au sommeil, après avoir largement satisfait leur appétit cosaque. Il s'étonna d'une telle insouciance, pensant qu'il était fort heureux qu'on n'eût pas d'ennemi dans le voisinage. Enfin, il s'approcha lui-même de l'un des chariots, grimpa sur la couverture, et se coucha, le visage en l'air, en mettant ses mains jointes sous sa tête; mais il ne put s'endormir, et demeura longtemps à regarder le ciel. L'air était pur et transparent; les étoiles qui forment la voie lactée étincelaient d'une lumière blanche et confuse. Par moments, Andry s'assoupissait, et le premier voile du sommeil lui cachait la vue du ciel, qui reparaissait de nouveau. Tout à coup, il lui sembla qu'une étrange figure se dessinait rapidement devant lui. Croyant que c'était une image créée par le sommeil, et qui allait se dissiper, il ouvrit les yeux davantage. Il aperçut effectivement une figure pâle, exténuée, qui se penchait sur lui et le regardait fixement dans les yeux. Des cheveux longs et noirs comme du charbon s'échappaient en désordre d'un voile sombre négligemment jeté sur la tête, et l'éclat singulier du regard, le teint cadavéreux du visage pouvaient bien faire croire à une apparition. Andry saisit à la hâte son mousquet, et s'écria d'une voix altérée :

« Qui es-tu? Si tu es un esprit malin, disparais. Si tu es un être vivant, tu as mal pris le temps de rire, je vais te tuer. »

Pour toute réponse l'apparition mit le doigt sur ses lèvres, semblant implorer le silence. Andry déposa son mousquet, et se mit à la regarder avec plus d'attention. A ses longs cheveux, à son cou, à sa poitrine demi-nue, il reconnut une femme. Mais ce n'était pas une Polonaise; son visage hâve et décharné avait un teint olivâtre, les larges pommettes de ses joues s'avançaient en saillie, et les paupières de ses yeux étroits se relevaient aux angles extérieurs. Plus il contemplait les traits de cette femme, plus il y trouvait le souvenir d'un visage connu.

« Dis-moi, qui es-tu? s'écria-t-il enfin; il me semble que je t'ai vue quelque part.

— Oui, il y a deux ans, à Kiew.

— Il y a deux ans, à Kiew? » répéta Andry en repassant dans sa mémoire tout ce que lui rappelait sa vie d'étudiant. Il la regarda encore une fois avec une profonde attention, puis il s'écria tout à coup:

« Tu es la Tatare, la servante de la fille du vaïvode.

— Chut ! » dit-elle, en croisant ses mains avec une angoisse suppliante, tremblante de peur et regardant de tous côtés si le cri d'Andry n'avait réveillé personne.

« Réponds : comment, et pourquoi es-tu ici? disait Andry d'une voix basse et haletante. Où est la demoiselle? est-elle en vie ?

— Elle est dans la ville.

— Dans la ville! reprit Andry retenant à peine un cri de surprise, et sentant que tout son sang lui refluait au cœur. Pourquoi dans la ville?

— Parce que le vieux seigneur y est lui-même. Voilà un an et demi qu'il a été fait vaïvode de Doubno.

— Est-elle mariée?... Mais parle donc, parle donc.

— Voilà deux jours qu'elle n'a rien mangé.

— Comment !...

— Il n'y a plus un morceau de pain dans la ville ; depuis plusieurs jours les habitants ne mangent que de la terre. »

Andry fut pétrifié,

« La demoiselle t'a vue du parapet avec les autres Zaporogues. Elle m'a dit : — Va, dis au chevalier, s'il se souvient de moi, qu'il vienne me trouver; sinon, qu'il te donne au moins un morceau de pain pour ma vieille mère, car je ne veux pas la voir mourir sous mes yeux. Prie-le, embrasse ses genoux; il a aussi une vieille mère; qu'il te donne du pain pour l'amour d'elle. »

Une foule de sentiments divers s'éveillèrent dans le cœur du jeune Cosaque.

« Mais comment as-tu pu venir ici?
— Par un passage souterrain.
— Y a-t-il donc un passage souterrain?
— Oui.
— Où?
— Tu ne nous trahiras pas, chevalier?
— Non, je le jure sur la sainte croix.
— En descendant le ravin, et en traversant le ruisseau à la place où croissent des joncs.
— Et ce passage aboutit dans la ville?
— Tout droit au monastère.
— Allons, allons sur-le-champ.
— Mais, au nom du Christ et de sa sainte mère, un morceau de pain.
— Bien, je vais t'en apporter. Tiens-toi près du chariot, ou plutôt couche-toi dessus. Personne ne te verra, tous dorment. Je reviens à l'instant. »

Et il se dirigea vers les chariots où se trouvaient les provisions de son *kourèn*. Le cœur lui battait avec violence. Tout ce qu'avait effacé sa vie rude et guerrière de Cosaque, tout le passé renaquit aussitôt, et le présent s'évanouit à son tour. Alors reparut à la surface de sa mémoire une image de femme avec ses beaux bras, sa bouche souriante, ses épaisses nattes de cheveux. Non, cette image n'avait jamais disparu pleinement de son âme; mais elle avait laissé place à d'autres pensées plus mâles, et souvent encore elle troublait le sommeil du jeune Cosaque.

Il marchait, et ses battements de cœur devenaient de plus en plus fort à l'idée qu'il la verrait bientôt, et ses genoux tremblaient sous lui. Arrivé près des chariots, il oublia pourquoi il était venu, et se passa la main sur le front en cherchant à se rappeler ce qui l'amenait. Tout à coup il tressaillit, plein d'épouvante à l'idée qu'elle se mourait de faim. Il s'empara de plusieurs pains noirs; mais la réflexion lui rappela que cette nourriture, bonne pour un Zaporogue, serait pour elle trop grossière. Il se souvint alors que, la veille, le *kochévoï* avait reproché aux cuisiniers de l'armée d'avoir employé à faire du gruau toute la farine de blé noir qui restait, tandis qu'elle devait suffire pour trois jours. Assuré donc qu'il trouverait du gruau tout préparé dans les grands chaudrons, Andry prit une petite casserole de voyage appartenant à son père, et alla trouver le cuisinier de son *kourèn*, qui dormait étendu entre deux marmites sous lesquelles fumait encore la cendre chaude. A sa grande surprise, il les trouva vides l'une et l'autre. Il avait fallu des forces surhumaines pour manger tout ce gruau, car son *kourèn* comptait moins d'hommes que les autres. Il continua l'inspection des autres marmites, et ne trouva rien nulle part. Involontairement il se rappela le proverbe : « Les Zaporogues sont comme les enfants; s'il y a peu, ils s'en contentent; s'il y a beaucoup, ils ne laissent rien. » Que faire? Il y avait sur le chariot de son père un sac de pains blancs qu'on avait pris au pillage d'un monastère. Il s'approcha du chariot, mais le sac n'y était plus. Ostap l'avait mis sous sa tête, et ronflait étendu par terre. Andry saisit le sac d'une main et l'enleva brusquement; la tête d'Ostap frappa sur le sol, et lui-même, se dressant à demi éveillé, s'écria sans ouvrir les yeux :

« Arrêtez, arrêtez le Polonais du diable; attrapez son cheval.

— Tais-toi, ou je te tue, » s'écria Andry plein d'épouvante, en le menaçant de son sac.

Mais Ostap s'était tu déjà; il retomba sur la terre, et se remit à ronfler de manière à agiter l'herbe que touchait son visage. Andry regarda avec terreur de tous côtés. Tout était tranquille; une seule tête à la touffe flottante s'était soulevée dans le *kourèn* voisin; mais après avoir jeté de vagues regards, elle s'était reposée sur la terre. Au bout d'une courte attente, il s'éloigna emportant son butin. La Tatare était couchée, respirant à peine.

« Lève-toi, lui dit-il; allons, tout le monde dort, ne crains rien. Es-tu en état de soulever un de ces pains, si je ne puis les emporter tous moi-même? »

Il mit le sac sur son dos, en prit un second, plein de millet, qu'il enleva d'un autre chariot, saisit dans ses mains les pains qu'il avait voulu donner à la Tatare, et, courbé sous ce poids, il passa intrépidement à travers les rangs des Zaporogues endormis.

« Andry! » dit le vieux Boulba au moment où son fils passa devant lui.

Le cœur du jeune homme se glaça. Il s'arrêta, et, tout tremblant, répondit à voix basse :

« Eh bien! quoi?

— Tu as une femme avec toi. Sur ma parole, je te rosserai demain matin d'importance. Les femmes ne te mèneront à rien de bon. »

Après avoir dit ces mots, il souleva sa tête sur sa main, et considéra attentivement la Tatare enveloppée dans son voile.

Andry se tenait immobile, plus mort que vif, sans oser regarder son père en face. Quand il se décida à lever enfin les yeux, il reconnut que Boulba s'était endormi, la tête sur la main.

Il fit le signe de la croix; son effroi se dissipa plus vite qu'il n'était venu. Quand il se retourna pour s'adresser à la Tatare, il la vit devant lui, immobile comme une sombre statue de granit, perdue dans son voile, et le reflet d'un incendie lointain éclaira tout à coup ses yeux, hagards comme ceux d'un moribond. Il la secoua par la manche, et tous deux s'éloignèrent en regardant fréquemment derrière eux. Ils descendirent dans un ravin, au fond duquel se traînait paresseusement un ruisseau bourbeux, tout couvert de joncs croissant sur des mottes de terre. Une fois au fond du ravin, la plaine avec le *tabor* des Zaporogues disparut à leurs regards; en se retournant, Andry ne vit plus rien qu'une côte escarpée, au sommet de laquelle se balançaient quelques herbes sèches et fines, et par-dessus brillait la lune, semblable à une faucille d'or. Une brise légère, soufflant de la steppe, annonçait la prochaine venue du jour. Mais nulle part on n'entendait le chant d'un coq. Depuis longtemps on ne l'avait entendu, ni dans la ville, ni dans les environs dévastés. Ils franchirent une poutre posée sur le ruisseau, et devant eux se dressa l'autre bord, plus haut encore et plus escarpé. Cet endroit passait sans doute pour le mieux fortifié de toute l'enceinte par la nature, car le parapet en terre qui le couronnait était plus bas qu'ailleurs, et l'on n'y voyait pas de sentinelles. Un peu plus loin s'élevaient les épaisses murailles du couvent. Toute la côte devant eux était couverte de bruyères ; entre elle et le ruisseau s'étendait un petit plateau où croissaient des joncs de hauteur d'homme. La Tatare ôta ses souliers, et s'avança avec précaution en soulevant sa robe, parce que le sol mouvant était imprégné d'eau. Après avoir conduit péniblement Andry à travers les joncs, elle s'arrêta devant un grand tas de branches sèches. Quand ils les eurent écartées, ils trouvèrent une espèce de voûte souterraine dont l'ouverture n'était pas plus grande que la bouche d'un four. La Tatare y entra la première la tête basse, Andry la suivit, en se courbant aussi bas que possible pour faire passer ses sacs et ses pains, et bientôt tous deux se trouvèrent dans une complète obscurité.

VI

Andry s'avançait péniblement dans l'étroit et sombre souterrain, précédé de la Tatare et courbé sous ses sacs de provisions.

« Bientôt nous pourrons voir, lui dit sa conductrice, nous approchons de l'endroit où j'ai laissé ma lumière. »

En effet, les noires murailles du souterrain commençaient à s'éclairer peu à peu. Ils atteignirent une petite plate-forme qui semblait être une chapelle, car à l'un des murs était adossée une table en forme d'autel, surmontée d'une vieille image noircie de la madone catholique. Une petite lampe en argent, suspendue devant cette image, l'éclairait de sa lueur pâle. La Tatare se baissa, ramassa de terre son chandelier de cuivre dont la tige longue et mince était entourée de chaînettes auxquelles pendaient des mouchettes, un éteignoir et un poinçon. Elle le prit et alluma la chandelle au feu de la lampe. Tous deux continuèrent leur route, à demi dans une vive lumière, à demi dans une ombre noire, comme les personnages d'un tableau de Gérard *delle notti*. Le visage du jeune chevalier, où brillait la santé et la force, formait un frappant contraste avec celui de la Tatare, pâle et exténué. Le passage devint insensiblement plus large et plus haut, de manière qu'Andry put relever la tête. Il se mit à considérer attentivement les parois en terre du passage où il cheminait. Comme aux souterrains de Kiew, on y voyait des enfoncements que remplissaient tantôt des cercueils, tantôt des ossements épars que l'humidité avait rendus mous comme de la pâte. Là aussi gisaient de saints anachorètes qui avaient fui le monde et ses séductions. L'humidité était si grande en certains endroits, qu'ils avaient de l'eau sous les pieds. Andry devait s'arrêter souvent pour donner du repos à sa compagne dont la fatigue se renouvelait sans cesse. Un petit morceau de pain qu'elle avait dévoré causait une vive douleur à son estomac déshabitué de nourriture, et fréquemment elle s'arrêtait sans pouvoir quitter la place. Enfin une petite porte en fer apparut devant eux.

« Grâce à Dieu, nous sommes arrivés, » dit la Tatare d'une voix faible ; et elle leva la main pour frapper, mais la force lui manqua.

A sa place, Andry frappa vigoureusement sur la porte, qui retentit de manière à montrer qu'il y avait par derrière un large espace vide ; puis le son changea de nature comme s'il se fût prolongé sous de hauts arceaux. Deux minutes après, on entendit bruire un trousseau de clefs et quelqu'un qui descendait les marches d'un escalier tournant. La porte s'ouvrit. Un moine, qui se tenait debout, la clef dans une main, une lumière dans l'autre, leur livra passage. Andry recula involontairement à la vue d'un moine catholique, objet de mépris et de haine pour les Cosaques, qui les traitaient encore plus inhumainement que les juifs. Le moine, de son côté, recula de quelques pas en voyant un Zaporogue ; mais un mot que lui dit la Tatare à voix basse le tranquillisa. Il referma la porte derrière eux, les conduisit par l'escalier, et bientôt ils se trouvèrent sous les hautes et sombres voûtes de l'église.

Devant l'un des autels, tout chargé de cierges, se tenait un prêtre à genoux, qui priait à voix basse. A ses côtés étaient agenouillés deux jeunes diacres en chasubles violettes ornées de dentelles blanches, et des encensoirs dans les mains. Ils demandaient un miracle, la délivrance de la ville, l'affermissement des courages ébranlés, le don de la patience, la fuite du tentateur qui les faisait murmurer, qui leur inspirait des idées timides et lâches. Quelques femmes, semblables à des spectres, étaient agenouillées aussi, laissant tomber leurs têtes sur les dossiers des bancs de bois et des prie-Dieu. Quelques hommes restaient appuyés contre les pilastres dans un silence morne et découragé. La longue fenêtre au vitraux peints qui surmontait l'autel s'éclaira tout à coup des lueurs rosées de l'aube naissante, et des rosaces rouges, bleues, de toutes couleurs, se dessinèrent sur le sombre pavé de l'église. Tout le chœur fut inondé de jour, et la fumée de l'encens, immobile dans l'air, se peignit de toutes les nuances de l'arc-en-ciel. De son coin obscur, Andry contemplait avec admiration le miracle opéré par la lumière. Dans cet instant, le mugissement solennel de l'orgue emplit tout à coup l'église entière [1]. Il enfla de plus en plus les sons, éclata comme le roulement du tonnerre, puis monta

[1] Il n'y a point d'orgues dans les églises du rite grec : c'était chose nouvelle pour un Cosaque.

sous les nefs en sons argentins comme des voix de jeunes filles, puis répéta son mugissement sonore et se tut brusquement. Longtemps après les vibrations firent trembler les arceaux, et Andry resta dans l'admiration de cette musique solennelle. Quelqu'un le tira par le pan de son caftan.

« Il est temps, » dit la Tatare.

Tous deux traversèrent l'église sans être aperçus, et sortirent sur une grande place. Le ciel s'était rougi des feux de l'aurore, et tout présageait le lever du soleil. La place, en forme de carré, était complétement vide. Au milieu d'elle se trouvaient dressées nombre de tables en bois, qui indiquaient que là avait été le marché aux provisions. Le sol, qui n'était point pavé, portait une épaisse couche de boue desséchée, et toute la place était entourée de petites maisons bâties en briques et en terre glaise, dont les murs étaient soutenus par des poutres et des solives entre-croisées. Leurs toits aigus étaient percés de nombreuses lucarnes. Sur un des côtés de la place, près de l'église, s'élevait un édifice différent des autres, et qui paraissait être l'hôtel de ville. La place entière semblait morte. Cependant Andry crut entendre de légers gémissements. Jetant un regard autour de lui, il aperçut un groupe d'hommes couchés sans mouvement, et les examina, doutant s'il étaient endormis ou morts. A ce moment il trébucha sur quelque chose qu'il n'avait pas vu devant lui. C'était le cadavre d'une femme juive. Elle paraissait jeune, malgré l'horrible contraction de ses traits. Sa tête était enveloppée d'un mouchoir de soie rouge; deux rangs de perles ornaient les attaches pendantes de son turban; quelques mèches de cheveux crépus tombaient sur son cou décharné; près d'elle était couché un petit enfant qui serrait convulsivement sa mamelle, qu'il avait tordue à force d'y chercher du lait. Il ne criait ni ne pleurait plus; ce n'était qu'au mouvement intermittent de son ventre qu'on reconnaissait qu'il n'avait pas encore rendu le dernier soupir. Au tournant d'une rue, ils furent arrêtés par une sorte de fou furieux qui, voyant le précieux fardeau que portait Andry, s'élança sur lui comme un tigre, en criant :

« Du pain ! du pain ! »

Mais ses forces n'étaient pas égales à sa rage; Andry le repoussa, et il roula par terre. Mais, ému de compassion, le jeune Cosaque lui jeta un pain, que l'autre saisit et se mit à dévorer avec voracité, et, sur la place même, cet homme expira dans d'horribles convulsions. Presque à chaque pas ils rencontraient des victimes de la faim. A la porte d'une maison était assise une vieille femme, et l'on ne pouvait dire si elle était morte ou vivante, se tenant immobile, la tête penchée sur sa poitrine. Du toit de la maison voisine pendait au bout d'une corde le cadavre long et maigre d'un homme qui, n'ayant pu supporter jusqu'au bout ses souffrances, y avait mis fin par le suicide. A la vue de toutes ces horreurs, Andry ne put s'empêcher de demander à la Tatare :

« Est-il donc possible qu'en un si court espace de temps, tous ces gens n'aient plus rien trouvé pour soutenir leur vie ! En de telles extrémités, l'homme peut se nourrir des substances que la loi défend.

— On a tout mangé, répondit la Tatare, toutes les bêtes; on ne trouverait plus un cheval, plus un chien, plus une souris dans la ville entière. Nous n'avons jamais rassemblé de provisions; l'on amenait tout de la campagne.

— Mais, en mourant d'une mort si cruelle, comment pouvez-vous penser encore à défendre la ville ?

— Peut-être que le vaïvode l'aurait rendue ; mais, hier matin le *polkovnik*, qui se trouve à Boujany, a envoyé un faucon porteur d'un billet où il disait qu'on se défendît encore, qu'il s'avançait pour faire lever le siége, et qu'il n'attendait plus que l'arrivée d'un autre *polk* afin d'agir ensemble; maintenant nous attendons leur secours à toute minute. Mais nous voici devant la maison. »

Andry avait déjà vu de loin une maison qui ne ressemblait pas aux autres, et qui paraissait avoir été construite par un architecte italien. Elle était en briques, et à deux étages. Les fenêtres du rez-de-chaussée s'encadraient dans des ornements de pierre très en relief; l'étage supérieur se composait de petits arceaux formant galerie; entre les piliers et aux encoignures, se voyaient des grilles en fer portant les armoiries de la famille. Un large escalier en briques pointes descendait jusqu'à la place. Sur les dernières marches étaient assis deux gardes qui soutenaient d'une main leurs hallebardes, de l'autre leurs têtes, et ressemblaient plus à des statues qu'à des êtres vivants. Ils ne firent nulle attention à ceux qui montaient l'escalier, au haut duquel Andry et son guide trouvèrent un chevalier couvert d'une riche armure, tenant en main un livre de prières. Il souleva lentement ses paupières alourdies; mais la Tatare lui dit un mot, et il les laissa retomber sur les pages de son livre. Ils entrèrent dans une salle assez spacieuse qui semblait servir aux réceptions. Elle était remplie de soldats, d'échansons, de chasseurs, de valets, de toute la domesticité que chaque seigneur polonais croyait nécessaire à son rang. Tous se tenaient assis et silencieux. On sentait la fumée d'un cierge qui venait de s'éteindre, et deux autres brûlaient encore sur d'immenses chandeliers de la grandeur d'un homme, bien que le jour éclairât depuis longtemps la large fenêtre à grillage. Andry allait s'avancer vers une grande porte en chêne, ornée d'armoiries et de ciselures; mais la Tatare l'arrêta, et lui montra une petite porte découpée dans le mur de côté. Ils entrèrent dans un corridor, puis dans une chambre qu'Andry examina avec attention. Le mince rayon du jour qui s'introduisait par une fente des contrevents posait une raie lumineuse sur un rideau d'étoffe rouge, sur une corniche dorée, sur un cadre de tableau. La Tatare dit à Andry de rester là; puis elle ouvrit la porte d'une autre chambre où brûlait de la lumière. Il entendit le faible chuchotement d'une voix qui le fit tressaillir. Au moment où la porte s'était ouverte, il avait aperçu la svelte figure d'une jeune femme. La Tatare revint bientôt, et lui dit d'entrer. Il passa le seuil, et la porte se referma derrière lui. Deux cierges étaient allumés dans la chambre, ainsi qu'une lampe devant une sainte image, sous laquelle, suivant l'usage catholique, se trouvait un prie-Dieu. Mais ce n'était point là ce que cherchaient ses regards. Il tourna la tête d'un autre côté, et vit une femme qui semblait s'être arrêtée au milieu d'un mouvement rapide. Elle s'élançait vers lui, mais se tenait immobile. Lui-même resta cloué sur sa place. Ce n'était pas la personne qu'il croyait revoir, celle qu'il avait connue. Elle était devenue bien plus belle. Naguère, il y avait en elle quelque chose d'incomplet, d'inachevé : maintenant, elle ressemblait à la création d'un artiste qui vient de lui donner la dernière main ; naguère c'était une jeune fille espiègle, maintenant c'était une femme accomplie, et dans toute la splendeur de sa beauté. Ses yeux levés n'exprimaient plus une simple ébauche du sentiment, mais le sentiment complet. N'ayant pas eu le temps de sécher, ses larmes répandaient sur son regard un vernis brillant. Son cou, ses épaules et sa gorge avaient atteint les vraies limites de la beauté développée. Une partie de ses épaisses tresses de cheveux étaient retenues sur la tête par un peigne ; les autres tombaient en longues ondulations sur ses épaules et ses bras. Non-seulement sa grande pâleur n'altérait pas sa beauté, mais elle lui donnait au contraire un charme irrésistible. Andry ressentait comme une terreur religieuse ; il continuait à se tenir immobile. Elle aussi restait frappée à l'aspect du jeune Cosaque qui se montrait avec les avantages de sa mâle jeunesse. La fermeté brillait dans ses yeux couverts d'un sourcil de velours ; la santé et la fraîcheur sur ses joues hâlées. Sa moustache noire luisait comme la soie.

« Je n'ai pas la force de te rendre grâce, généreux chevalier, dit-elle d'une voix tremblante. Dieu seul peut te récompenser... »

Elle baissa les yeux, que couvrirent ses blanches paupières, garnies de longs cils sombres. Toute sa tête se pencha, et une légère rougeur colora le bas de son visage. Andry ne savait que lui répondre. Il aurait bien voulu lui exprimer tout ce que ressentait son âme, et l'exprimer avec autant de feu qu'il le sentait, mais il ne put y parvenir. Sa bouche semblait fermée par une puissance inconnue; le son manquait à sa voix. Il reconnut que ce n'était pas à lui, élevé au séminaire, et menant depuis une vie guerrière et nomade, qu'il appartenait de répondre, et il s'indigna contre sa nature de Cosaque.

A ce moment, la Tatare entra dans la chambre. Elle avait eu déjà le temps de couper en morceaux le pain qu'avait apporté Andry, et elle le présenta à sa maîtresse sur un plateau d'or. La jeune femme la regarda, puis regarda le pain, puis arrêta enfin ses yeux sur Andry. Ce regard, ému et reconnaissant, où se lisait l'impuissance de s'exprimer avec la langue, fut mieux compris d'Andry que ne l'eussent été de longs discours. Son âme se sentit légère; il lui sembla qu'on l'avait déliée. Il allait parler, quand tout à coup la jeune femme se tourna vers sa suivante, et lui dit avec inquiétude :

« Et ma mère? lui as-tu porté du pain?
— Elle dort.
— Et à mon père?
— Je lui en ai porté. Il a dit qu'il viendrait lui-même remercier le chevalier. »

Rassurée, elle prit le pain et le porta à ses lèvres.

Andry la regardait avec une joie inexprimable rompre ce pain et le manger avidement, quand tout à coup il se rappela ce fou furieux qu'il avait vu mourir pour avoir dévoré un morceau de pain. Il pâlit, et la saisissant par le bras :

« Assez, lui dit-il, ne mange pas davantage. Il y a si longtemps que tu n'as pris de nourriture que le pain te ferait mal. »

Elle laissa aussitôt retomber son bras, et, déposant le pain sur le plateau, elle regarda Andry comme eût fait un enfant docile.

« O ma reine! s'écria Andry avec transport, ordonne ce que tu voudras. Demande-moi la chose la plus impossible qu'il y ait au monde; je courrai t'obéir. Dis-moi de faire ce que ne ferait nul homme, je le ferai; je me perdrai pour toi. Ce me serait si doux, je le jure par la sainte croix, que je ne saurais te dire combien ce me serait doux. J'ai trois villages; la moitié des troupeaux de chevaux de mon père m'appartient; tout ce que ma mère lui a donné en dot, et tout ce qu'elle lui cache, tout cela est à moi. Personne de nos Cosaques n'a des armes pareilles aux miennes. Pour la seule poigné de mon sabre, on me donne un grand troupeau de chevaux et trois mille moutons! Eh bien! j'abandonnerai tout cela, je le brûlerai, j'en jetterai la cendre au vent, si tu me dis une seule parole, si tu fais un seul mouvement de ton sourcil noir ! Peut-être tout ce que je dis n'est que folies et sottises ; je sais bien qu'il ne m'appartient pas, à moi qui ai passé ma vie dans la *setch*, de parler comme on parle là où se trouvent les rois, les princes, et les plus nobles parmi les chevaliers. Je vois bien que tu es une autre créature de Dieu que nous autres, et que les autres femmes et filles des seigneurs restent loin derrière toi. »

Avec une surprise croissante, sans perdre un mot, et toute à son attention, la jeune fille écoutait ces discours pleins de franchise et de chaleur, où se montrait une âme jeune et forte. Elle pencha son beau visage en avant, ouvrit la bouche et voulut parler ; mais elle se retint brusquement, en songeant que ce jeune chevalier tenait à un autre parti, et que son père, ses frères, ses compatriotes, restaient des ennemis farouches ; en songeant que les terribles Zaporogues tenaient la ville bloquée de tous côtés, vouant les habitants à une mort certaine. Ses yeux se remplirent de larmes. Elle prit un mouchoir brodé en soie, et s'en couvrant le visage pour lui cacher sa douleur, elle s'assit sur un siége, où elle resta longtemps immobile, la tête renversée, et mordant sa lèvre inférieure de ses dents d'ivoire, comme si elle eût ressenti la piqûre d'une bête venimeuse.

« Dis-moi une seule parole, » reprit Andry, la prenant par sa main douce comme la soie ; mais elle se taisait, sans se découvrir le visage, et restait immobile.

« Pourquoi cette tristesse, dis-moi ? pourquoi tant de tristesse ? »

Elle ôta son mouchoir de ses yeux, écarta les cheveux qui lui couvraient le visage, et laissa échapper ses plaintes d'une voix affaiblie, qui ressemblait au triste et léger bruissement des joncs qu'agite le vent du soir :

« Ne suis-je pas digne d'une éternelle pitié ? La mère qui m'a mise au monde n'est-elle pas malheureuse ? Mon sort n'est-il pas bien amer ? O mon destin, n'es-tu pas mon bourreau ? Tu as conduit à mes pieds les plus dignes gentilshommes, les plus riches seigneurs, des comtes et des barons étrangers, et toute la fleur de notre noblesse. Chacun d'eux aurait considéré mon amour comme la plus grande des félicités. Je n'aurais eu qu'à faire un choix, et le plus beau, le plus noble serait devenu mon époux. Pour aucun d'eux, ô mon cruel destin, tu n'as fait parler mon cœur ; mais tu l'as fait parler, ce faible cœur, pour un étranger, pour un ennemi, sans égard aux meilleurs chevaliers de ma patrie. Pourquoi, pour quel péché, pour quel crime, m'as-tu persécutée impitoyablement, ô sainte mère de Dieu ? Mes jours se passaient dans l'abondance et la richesse. Les mets les plus recherchés, les vins les plus précieux faisaient mon habituelle nourriture. Et pourquoi? pour me faire mourir enfin d'une mort horrible, comme ne meurt aucun mendiant dans le royaume! et c'est peu que je sois condamnée à un sort si cruel; c'est peu que je sois obligée de voir, avant ma propre fin, mon père et ma mère expirer dans d'affreuses souffrances, eux pour qui j'aurais cent fois donné ma vie. C'est peu que tout cela. Il faut, avant ma mort, que je le revoie et que je l'entende; il faut que ses paroles me déchirent le cœur, que mon sort redouble d'amertume, qu'il me soit encore plus pénible d'abandonner ma jeune vie, que ma mort devienne plus épouvantable, et qu'en mourant je vous fasse encore plus de reproches, à toi, mon destin cruel, et à toi (pardonne mon péché), ô sainte mère de Dieu.

Quand elle se tut, une expression de douleur et d'abattement se peignit sur son visage, sur son front tristement penché et sur ses joues sillonnées de larmes.

« Non, il ne sera pas dit, s'écria Andry, que la plus belle et la meilleure des femmes ait à subir un sort si lamentable, quand elle est née pour que tout ce qu'il y a de plus élevé au monde s'incline devant elle comme devant une sainte image. Non tu ne mourras pas, je le jure par ma naissance et par tout ce qui m'est cher, tu ne mourras pas! Mais si rien ne peut conjurer ton malheureux sort, si rien ne peut te sauver, ni la force, ni la bravoure, ni la prière, nous mourrons ensemble, et je mourrai avant toi, devant toi, et ce n'est que mort qu'on pourra me séparer de toi.

— Ne t'abuse pas, chevalier, et ne m'abuse pas moi-même, lui répondit-elle en secouant lentement la tête. Je ne sais que trop bien qu'il ne t'est pas possible de m'aimer ; je connais ton devoir. Tu as un père, des amis, une patrie qui t'appellent, et nous sommes tes ennemis.

— Eh ! que me font mes amis, ma patrie, mon père ? reprit Andry, en relevant fièrement le front et redressant sa taille droite et svelte comme un jonc du Dniepr. Si tu crois cela, voilà ce que je vais te dire : Je n'ai personne, personne, personne, répéta-t-il obstinément, en faisant ce geste par lequel un Cosaque exprime un parti pris et une volonté irrévocable. Qui m'a dit que l'Ukraine est ma patrie ? Qui me l'a donnée pour patrie ? La patrie est ce que notre âme désire, révère, ce qui nous est plus cher que tout. Ma patrie, c'est toi, Et cette patrie-là, je ne l'abandonnerai plus tant que je serai vivant, je la porterai dans mon cœur. Qu'on vienne l'en arracher ! »

Immobile un instant, elle le regarda droit aux yeux, et soudain, avec toute l'impétuosité dont est capable une femme qui ne vit que par les élans du cœur, elle se jeta à son cou, le serra dans ses bras, et se mit à sangloter. Dans ce moment la rue retentit de cris confus, de trompettes et de tambours. Mais Andry ne les entendait pas ; il ne sentait rien autre chose que la tiède respiration de la jeune fille qui lui caressait la joue, que ses larmes qui lui baignaient le visage, que ses longs cheveux qui lui enveloppaient la tête d'un réseau soyeux et odorant.

Tout à coup la Tatare entra dans la chambre en jetant des cris de joie.

« Nous sommes sauvés, disait-elle toute hors d'elle-même ; les nôtres sont entrés dans la ville, amenant du pain, de la farine, et des Zaporogues prisonniers. »

Mais ni l'un ni l'autre ne fit attention à ce qu'elle disait. Dans le délire de sa passion, Andry posa ses lèvres sur la bouche qui effleurait sa joue, et cette bouche ne resta pas sans réponse.

Et le Cosaque fut perdu, perdu pour toute la chevalerie cosaque. Il ne verra plus ni la *setch*, ni les villages de ses pères, ni le temple de Dieu. Et l'Ukraine non plus ne reverra pas l'un des plus braves de ses enfants. Le vieux Tarass s'arrachera une poignée de ses cheveux gris, et il maudira le jour et l'heure où il a, pour sa propre honte, donné naissance à un tel fils!

VII

Le tabor des Zaporogues était rempli de bruit et de mouvement. D'abord personne ne pouvait exactement expliquer comment un détachement de troupes royales avait pénétré dans la ville. Ce fut plus tard qu'on s'aperçut que tout le *kourèn* de Peréiaslav, placé devant une des portes de la ville, était resté la veille ivre mort; il n'était donc pas étonnant que la moitié des Cosaques qui le composaient eût été tuée et l'autre moitié prisonnière, sans qu'ils eussent eu le temps de se reconnaître. Avant que les *kourèni* voisins, éveillés par le bruit, eussent pu prendre les armes, le détachement entrait déjà dans la ville, et ses derniers rangs soutenaient la fusillade contre les Zaporogues mal éveillés qui se jetaient sur eux en désordre. Le *kochevoï* fit rassembler l'armée, et lorsque tous les soldats réunis en cercle, le bonnet à la main, eurent fait silence, il leur dit :

« Voilà donc, seigneurs frères, ce qui est arrivé cette nuit; voilà jusqu'où peut conduire l'ivresse; voilà l'injure que nous a faite l'ennemi ! Il paraît que c'est là votre habitude : si l'on vous double la ration, vous êtes prêts à vous soûler de telle sorte que l'ennemi du nom chrétien peut non-seulement vous ôter vos pantalons, mais même vous éternuer au visage, sans que vous y fassiez attention. »

Tous les Cosaques tenaient la tête basse, sentant bien qu'ils étaient coupables. Le seul *ataman* du *kourèn* de Nésamaïko [1], Koukoubenko, éleva la voix

« Arrête, père, lui dit-il ; quoiqu'il ne soit pas écrit dans la loi qu'on puisse faire quelque observation quand le *kochevoï* parle devant toute l'armée, cependant, l'affaire ne s'étant point passée comme tu l'as dit, il faut parler. Tes reproches ne sont pas complétement justes. Les Cosaques eussent été fautifs et dignes de la mort s'ils s'étaient enivrés pendant la marche, la bataille, ou un travail important et difficile ; mais nous étions là sans rien faire, à nous ennuyer devant cette ville. Il n'y avait ni carême, ni aucune abstinence ordonnée par l'Église. Comment veux-tu donc que l'homme ne boive pas quand il n'a rien à faire ? il n'y a point de péché à cela. Mais nous allons leur montrer maintenant ce que c'est que d'attaquer des gens inoffensifs. Nous les avons bien battus auparavant ; nous allons maintenant les battre de manière qu'ils n'emportent pas leurs talons à la maison. »

Le discours du *kourennoï* plut aux Cosaques. Ils relevèrent leurs têtes baissées, et beaucoup d'entre eux firent un signe de satisfaction, en disant :

[1] Mot composé de *nesamaï*, « ne me touche pas. »

« Koukoubenko a bien parlé. »

Et Tarass Boulba, qui se tenait non loin du *kochévoï*, ajouta :

« Il paraît, *kochévoï*, que Koukoubenko a dit la vérité. Que répondras-tu à cela?

« Ce que je répondrai? je répondrai : Heureux le père qui a donné naissance à un pareil fils ! Il n'y a pas une grande sagesse à dire un mot de reproche; mais il y a une grande sagesse à dire un mot qui, sans se moquer du malheur de l'homme, le ranime, lui rende du courage, comme les éperons rendent du courage à un cheval que l'abreuvoir a rafraîchi. Je voulais moi-même vous dire ensuite une parole consolante; mais Koukoubenko m'a prévenu.

« Le *kochévoï* a bien parlé ! s'écria-t-on dans les rangs des Zaporogues.

— « C'est une bonne parole, » disaient les autres.

Et même les plus vieux, qui se tenaient là comme des pigeons gris, firent avec leurs moustaches une grimace de satisfaction, et dirent :

« Oui, c'est une parole bien dite.

— Maintenant, écoutez-moi, seigneurs, continua le *kochévoï*. Prendre une forteresse, en escalader les murs, ou bien y percer des trous à la manière des rats, comme font les *maîtres* allemands (qu'ils voient le diable en songe!), c'est indécent et nullement l'affaire des Cosaques. Je ne crois pas que l'ennemi soit entré dans la ville avec de grandes provisions. Il ne menait pas avec lui beaucoup de chariots. Les habitants de la ville sont affamés, ce qui veut dire qu'ils mangeront tout d'une fois ; et quant au foin pour les chevaux, ma foi, je ne sais guère où ils en trouveront, à moins que quelqu'un de leurs saints ne leur en jette du haut du ciel.... Mais ceci, il n'y a que Dieu qui le sache, car leurs prêtres ne sont forts qu'en paroles. Pour cette raison ou pour une autre, ils finiront par sortir de la ville. Qu'on se divise donc en trois corps, et qu'on les place devant les trois portes : cinq *kouréni* devant la principale, et trois *kouréni* devant chacune des deux autres. Que le *kourèn* de Diadniv et celui de Korsoun se mettent en embuscade : le *polkovnik* Tarass Boulba, avec tout son *polk*, aussi en embuscade. Les *kouréni* de Titareff et de Tounnocheff, en réserve du côté droit ; ceux de Tcherbinoff et de Stéblikiv, du côté gauche. Et vous, sortez des rangs, jeunes gens qui vous sentez les dents aiguës pour insulter, pour exciter l'ennemi. Le Polonais n'a pas de cervelle ; il ne sait pas supporter les injures, et peut-être qu'aujourd'hui même ils passeront les portes. Que chaque *ataman* fasse la revue de son *kourèn*, et, s'il ne le trouve pas au complet, qu'il prenne du monde dans les débris de celui de Périaslav. Visitez bien toutes choses ; qu'on donne à chaque Cosaque un verre de vin pour le dégriser, et un pain. Mais je crois qu'ils sont assez rassasiés de ce qu'ils ont mangé hier, car, en vérité, ils ont tellement bâfré toute la nuit, que, si je m'étonne d'une chose, c'est qu'ils ne soient pas tous crevés. Et voici encore un ordre que je donne : Si quelque cabaretier juif s'avise de vendre un seul verre de vin à un seul Cosaque, je lui ferai clouer au front une oreille de cochon, et je le ferai pendre la tête en bas. A l'œuvre, frères ! à l'œuvre ! »

C'est ainsi que le *kochévoï* distribua ses ordres. Tous le saluèrent en se courbant jusqu'à la ceinture, et, prenant la route de leurs chariots, ils ne remirent leurs bonnets qu'arrivés à une grande distance. Tous commencèrent à s'équiper, à essayer leurs lances et leurs sabres, à remplir de poudre leurs poudrières, à préparer leurs chariots et à choisir leurs montures.

En rejoignant son campement, Tarass se mit à penser, sans le deviner toutefois, à ce qu'était devenu Andry. L'avait-on pris et garotté, pendant son sommeil, avec les autres? Mais non, Andry n'est pas homme à se rendre vivant. On ne l'avait pas non plus trouvé parmi les morts. Tout pensif, Tarass cheminait devant son *polk*, sans entendre que quelqu'un l'appelait depuis longtemps par son nom.

« Qui me demande? » dit-il enfin en sortant de sa rêverie.

Le juif Yankel était devant lui.

« Seigneur *polkovnik*, seigneur *polkovnik*, disait-il d'une voix brève et entrecoupée, comme s'il voulait lui faire part d'une nouvelle importante, j'ai été dans la ville, seigneur *polkovnik*. »

Tarass regarda le juif d'un air ébahi :

« Qui diable t'a mené là ?

— Je vais vous le raconter, dit Yankel. Dès que j'entendis du bruit au lever du soleil et que les Cosaques tirèrent des coups de fusil, je pris mon caftan, et, sans le mettre, je me mis à courir. Ce n'est qu'en route que je passai les manches ; car je voulais savoir moi-même la cause de ce bruit, et pourquoi les Cosaques tiraient de si bonne heure. J'arrivai aux portes de la ville au moment où entrait la queue du convoi. Je regarde, et que vois-je ? l'officier Galandowitch. C'est un homme que je connais ; il me doit cent ducats depuis trois ans. Et moi, je me mis à le suivre comme pour réclamer ma créance, et voilà comment je suis entré dans la ville.

— Eh quoi ! tu es entré dans la ville, et tu voulais encore lui faire payer sa dette ? lui dit Boulba. Comment donc ne t'a-t-il pas fait pendre comme un chien ?

— Certes, il voulait me faire pendre, répondit le juif ; ses gens m'avaient déjà passé la corde au cou. Mais je me mis à supplier le seigneur ; je lui dis que j'attendrais le payement de ma créance aussi longtemps qu'il le voudrait, et je promis de lui prêter encore de l'argent, s'il voulait m'aider à me faire rendre ce que me doivent d'autres chevaliers; car, à dire vrai, le seigneur officier n'a pas un ducat dans la poche, tout comme s'il était Cosaque, quoiqu'il ait des villages, des maisons, quatre châteaux et des steppes qui s'étendent jusqu'à Chklov. Et maintenant, si les juifs de Breslav ne l'eussent pas équipé, il n'aurait pas pu aller à la guerre. C'est aussi pour cela qu'il n'a point paru à la diète.

— Qu'as-tu donc fait dans la ville? as-tu vu les nôtres?

— Comment donc! il y en a beaucoup des nôtres : Itska, Rakhoum, Khaïvalkh, l'intendant...

— Qu'ils périssent tous, les chiens ! s'écria Tarass en colère. Que viens-tu me mettre sous le nez ta maudite race de juifs? je te parle de nos Zaporogues.

— Je n'ai pas vu nos Zaporogues; mais j'ai vu le seigneur Andry.

— Tu as vu Andry? dit Boulba. Eh bien! quoi? comment? où l'as-tu vu? dans une fosse, dans une prison, attaché, enchaîné?

— Qui aurait osé attacher le seigneur Andry? c'est à présent l'un des plus grands chevaliers. Je ne l'aurais presque pas reconnu. Les brassards sont en or, la ceinture est en or, il n'y a que de l'or sur lui. Il est tout étincelant d'or, comme quand au printemps le soleil reluit sur l'herbe. Et le vaïvode lui a donné son meilleur cheval; ce cheval seul coûte deux cents ducats. »

Boulba resta stupéfait :

« Pourquoi donc a-t-il mis une armure qui ne lui appartient pas?

— Parce qu'elle était meilleure que la sienne ; c'est pour cela qu'il l'a mise. Et maintenant il parcourt les rangs, et d'autres parcourent les rangs, et il enseigne, et on l'enseigne, comme s'il était le plus riche des seigneurs polonais.

— Qui donc le force à faire tout cela ?

— Je ne dis pas qu'on l'ait forcé. Est-ce que le seigneur Tarass ne sait pas qu'il est passé dans l'autre parti par sa propre volonté ?

— Qui a passé ?

— Le seigneur Andry.

— Où a-t-il passé ?

— Il a passé dans l'autre parti ; il est maintenant des leurs.

— Tu mens, oreille de cochon.

— Comment est-il possible que je mente ? Suis-je un sot, pour mentir contre ma propre tête? Est-ce que je ne sais pas qu'on pend un juif comme un chien, s'il ose mentir devant un seigneur ?

— C'est-à-dire que, d'après toi, il a vendu sa patrie et sa religion?

— Je ne dis pas qu'il ait vendu quelque chose; je dis seulement qu'il a passé dans l'autre parti.

— Tu mens, juif du diable; une telle chose ne s'est jamais vue sur la terre chrétienne. Tu mens, chien.

— Que l'herbe croisse sur le seuil de ma maison, si je mens. Que chacun crache sur le tombeau de mon père, de ma mère, de mon beau-père, de mon grand-père et du père de ma mère, si je mens. Si le seigneur le désire, je vais lui dire pourquoi il a passé.

— Pourquoi?

— Le vaïvode a une fille qui est si belle, mon saint Dieu, si belle... »

Ici le juif essaya d'exprimer par ses gestes la beauté de cette fille, en écartant les mains, en clignant des yeux, et en relevant le coin de la bouche comme s'il goûtait quelque chose de doux.

« Eh bien, quoi? Après....

— C'est pour elle qu'il a passé de l'autre côté. Quand un homme devient amoureux, il est comme une semelle qu'on met tremper dans l'eau pour la plier ensuite comme on veut. »

Boulba se mit à réfléchir profondément. Il se rappela que l'influence d'une faible femme était grande; qu'elle avait déjà perdu bien des hommes forts, et que la nature d'Andry était fragile par ce côté. Il se tenait immobile, comme planté à sa place.

« Écoute, seigneur; je raconterai tout au seigneur, dit le juif. Dès que j'entendis le bruit du matin, dès que je vis qu'on entrait dans la ville, j'emportai avec moi, à tout événement, une rangée de perles, car il y a des demoiselles dans la ville; et s'il y a des demoiselles, me dis-je à moi-même, elles achèteront mes perles, n'eussent-elles rien à manger. Et dès que les gens de l'officier polonais m'eurent lâché, je courus à la maison du vaïvode, pour y vendre mes perles. J'appris tout d'une servante tatare; elle m'a dit que la noce se ferait dès qu'on aurait chassé les Zaporogues. Le seigneur Andry a promis de chasser les Zaporogues.

— Et tu ne l'as pas tué sur place, ce fils du diable? s'écria Boulba.

— Pourquoi le tuer? Il a passé volontairement. Où est la faute de l'homme? Il est allé là où il se trouvait mieux.

— Et tu l'as vu en face?

— En face, certainement. Quel superbe guerrier? il est plus beau que tous les autres. Que Dieu lui donne bonne santé! Il m'a reconnu à l'instant même, et quand je m'approchai de lui, il m'a dit....

— Qu'est-ce qu'il t'a dit?

— Il m'a dit!... c'est-à-dire il a commencé par me faire un signe du doigt, et puis il m'a dit :

« Yankel! » Et moi : Seigneur Andry! » Et lui :
« Yankel, dis à mon père, à mon frère, aux Cosa-
« ques, aux Zaporogues, dis à tout le monde que
« mon père n'est plus mon père, que mon frère
« n'est plus mon frère, que mes camarades ne
« sont plus mes camarades, et que je veux me
« battre contre eux tous, contre eux tous. »

— Tu mens, Judas! s'écria Tarass hors de lui;
tu mens, chien. Tu as crucifié le Christ, homme
maudit de Dieu. Je te tuerai, Satan. Sauve-toi, si
tu ne veux pas rester mort sur le coup. »

En disant cela, Tarass tira son sabre. Le juif
épouvanté se mit à courir de toute la rapidité de
ses sèches et longues jambes; et longtemps il cou-
rut, sans tourner la tête, à travers les chariots des
Cosaques, et longtemps encore dans la plaine,
quoique Tarass ne l'eût pas poursuivi, réfléchis-
sant qu'il était indigne de lui de s'abandonner à
sa colère contre un malheureux qui n'en pouvait
mais.

Boulba se souvint alors qu'il avait vu, la nuit
précédente, Andry traverser le tabor menant une
femme avec lui. Il baissa sa tête grise, et cependant il ne voulait pas croire encore qu'une action
aussi infâme eût été commise, et que son propre
fils eût pu vendre ainsi sa religion et son âme.

Enfin il conduisit son *polk* à la place qui lui était
désignée, derrière le seul bois que les Cosaques

n'eussent pas encore brûlé. Cependant les Zaporogues à pied et à cheval se mettaient en marche dans la direction des trois portes de la ville. L'un après l'autre défilaient des divers *kouréni*, composant l'armée. Il ne manquait que le seul *kourèn* de Péréiaslav; les Cosaques qui le composaient avaient bu la veille tout ce qu'ils devaient boire en leur vie. Tel s'était réveillé garrotté dans les mains des ennemis; tel avait passé endormi de la vie à la mort, et leur *ataman* lui-même, Khlib, s'était trouvé sans pantalon et sans vêtement supérieur au milieu du camp polonais.

On s'aperçut dans la ville du mouvement des Cosaques. Toute la population accourut sur les remparts, et un tableau animé se présenta aux yeux des Zaporogues. Les chevaliers polonais, plus richement vêtus l'un que l'autre, occupaient la muraille. Leurs casques en cuivre, surmontés de plumes blanches comme celles du cygne, étincelaient au soleil; d'autres portaient de petits bonnets, roses ou bleus, penchés sur l'oreille, et des caftans aux manches flottantes, brodés d'or ou de soieries. Leurs sabres et leurs mousquets, qu'ils achetaient à grand prix, étaient, comme tout leur costume, chargés d'ornements. Au premier rang, se tenait plein de fierté, portant un bonnet rouge et or, le colonel de la ville de Boudjak. Plus grand et plus gros que tous les autres, il était serré dans son riche caftan. Plus loin, près d'une porte latérale, se tenait un autre colonel, petit homme maigre et sec. Ses petits yeux vifs lançaient des regards perçants sous leurs sourcils épais. Il se tournait avec vivacité, en désignant les postes de sa main effilée, et distribuant des ordres. On voyait que, malgré sa taille chétive, c'était un homme de guerre. Près de lui se trouvait un officier long et fluet, portant d'épaisses moustaches sur un visage rouge. Ce Seigneurs aimait les festins et l'hydromel capiteux. Derrière eux étaient groupés une foule de petits gentillâtres qui s'étaient armés, les uns à leurs propres frais, les autres aux frais de la couronne, ou avec l'aide de l'argent des juifs, auxquels ils avaient engagé tout ce que contenaient les petits castels de leurs pères. Il y avait encore une foule de ces clients parasites que les sénateurs menaient avec eux pour leur faire cortège, qui, la veille volaient du buffet ou de la table quelque coupe d'argent, et, le lendemain, montaient sur le siége de la voiture pour servir de cochers. Enfin, il y avait là de toutes espèces de gens. Les rangs des Cosaques se tenaient silencieusement devant les murs; aucun d'entre eux ne portait d'or sur ses habits; on ne voyait briller, par-ci par-là, les métaux précieux que sur les poignées des sabres ou les crosses des mousquets. Les Cosaques n'aimaient pas à se vêtir richement pour la bataille; leurs caftans et leurs armures étaient fort simples, et l'on ne voyait, dans tous les escadrons, que de longues files bigarrées de bonnets noirs à la pointe rouge.

Deux Cosaques sortirent des rangs des Zaporogues. L'un était tout jeune, l'autre un peu plus âgé ; tous deux avaient, selon leur façon de dire, de bonnes dents pour mordre, non-seulement en paroles, mais encore en action. Ils s'appelaient Okhrim Nach et Mikita Colokopitenko. Démid Popovitch les suivait, vieux Cosaque qui hantait depuis longtemps la *setch*, qui était allé jusque sous les murs d'Andrinople, et qui avait souffert bien des traverses en sa vie. Une fois, en se sauvant d'un incendie, il était revenu à la *setch*, avec la tête toute goudronnée, toute noircie, et les cheveux brûlés. Mais depuis lors, il avait eu le temps de se refaire et d'engraisser ; sa longue touffe de cheveux entourait son oreille, et ses moustaches avaient repoussé noires et épaisses. Popovitch était renommé pour sa langue bien affilée.

« Toute l'armée a des *joupans* rouges, dit-il ; mais je voudrais bien savoir si la valeur de l'armée est rouge aussi [1].

— Attendez, s'écria d'en haut le gros colonel ; je vais vous garrotter tous. Rendez, esclaves, rendez vos mousquets et vos chevaux. Avez-vous vu comme

---

[1] Le mot russe *krasnoi* veut dire rouge et beau, brillant, éclatant.

j'ai déjà garrotté les vôtres ? Qu'on amène les prisonniers sur le parapet. »

Et l'on amena les Zaporogues garrottés. Devant eux marchant leur *ataman* Khlib, sans pantalon et sans vêtement supérieur, dans l'état où on l'avait saisi. Et l'*ataman* baissa la tête, honteux, de sa nudité et de ce qu'il avait été pris en dormant, comme un chien.

« Ne t'afflige pas, Khlib, nous te délivrerons, lui criaient d'en bas les Cosaques.

— Ne t'afflige pas, ami, ajouta l'*ataman* Borodaty, ce n'est pas ta faute si l'on t'a pris tout nu ; cela peut arriver à chacun. Mais honte à eux, qui t'exposent ignominieusement sans avoir, par décence, couvert ta nudité.

— Il paraît que vous n'êtes braves que quand vous avez affaire à des gens endormis, dit Golokopitenko, en regardant le parapet.

— Attendez, attendez, nous vous couperons vos touffes de cheveux, lui répondit-on d'en haut.

— Je voudrais bien voir comment ils nous couperaient nos touffes, » disait Popovitch en tournant devant eux sur son cheval. Et puis il ajouta, en regardant les siens : « Mais peut-être que les Polonais disent la vérité ; si ce gros-là les amène, ils seront bien défendus.

— Pourquoi crois-tu qu'ils seront bien défendus ?

répliquèrent les cosaques, sûrs d'avance que Popovitch allait lâcher un bon mot.

— Parce que toute l'armée peut se cacher derrière lui, et qu'il serait fort difficile d'attraper quelqu'un avec la lance par delà son ventre. »

Tous les Cosaques se mirent à rire, et longtemps après beaucoup d'entre eux secouaient encore la tête en répétant :

« Ce diable de Popovitch! s'il s'avise de décocher un mot à quelqu'un, alors.... »

Et les Cosaques n'achevèrent pas de dire ce qu'ils entendaient par alors....

« Reculez, reculez! » s'écria le *kochevoï*.

Car les Polonais semblaient ne pas vouloir supporter une pareille bravade, et le colonel avait fait un signe de la main. En effet, à peine les Cosaques s'étaient-ils retirés, qu'une décharge de mousqueterie retentit sur le haut du parapet. Un grand mouvement se fit dans la ville; le vieux vaïvode apparut lui-même, monté sur son cheval. Les portes s'ouvrirent, et l'armée polonaise en sortit. A l'avant-garde marchaient les hussards[1], bien alignés, puis les cuirassiers avec des lances, tous portant des casques en cuivre. Derrière eux che-

---

[1] Mot pris aux Hongrois pour désigner la cavalerie légère. En langue madgyare il signifie *vingtième*, parce que, dans les guerres contre les Turcs, chaque village devait fournir, sur vingt hommes, un homme équipé.

vauchaient les plus riches gentilshommes, habillés chacun selon son caprice. Ils ne voulaient pas se mêler à la foule des soldats, et celui d'entre eux qui n'avait pas de commandement s'avançait seul à la tête de ses gens. Puis venaient d'autres rangs, puis l'officier fluet, puis d'autres rangs encore, puis le gros colonel et le dernier qui quitta la ville fut le colonel sec et maigre.

» Empêchez-les, empêchez-les d'aligner leurs rangs, criait le *kochévoï*. Que tous les *kouréni* attaquent à la fois. Abandonnez les autres portes. Que le *kourèn* de Titareff attaque par son côté, et le *kourèn* de Diadkoff par le sien. Koukoubenko et Palivoda, tombez sur eux par derrière. Divisez-les, confondez les. »

Et les Cosaques attaquèrent de tous les côtés. Ils rompirent les rangs polonais, les mêlèrent et se mêlèrent avec eux, sans leur donner le temps de tirer un coup de mousquet. On ne faisait usage que des sabres et des lances. Dans cette mêlée générale, chacun eut l'occasion de se montrer. Démid Popovitch tua trois fantassins, et culbuta deux gentilshommes à bas de leurs chevaux, en disant :

« Voilà de bons chevaux ; il y a longtemps que j'en désirais de pareils.

Et il les chassa devant lui dans la plaine, criant aux autres Cosaques de les attraper ; puis il retourna dans la mêlée, attaqua les seigneurs qu'il avait démontés, tua l'un d'eux, jeta son *arank* ¹ au cou de l'autre, et le traîna à travers la campagne, après lui avoir pris son sabre à la riche poignée et sa bourse pleine de ducats. Kobita, bon Cosaque encore jeune, en vint aux mains avec un des plus braves de l'armée polonaise, et ils combattirent longtemps corps à corps. Le Cosaque finit par triompher; il frappa le Polonais dans la poitrine avec un couteau turc; mais ce fut en vain pour son salut; une balle encore chaude l'atteignit à la tempe. Le plus noble des seigneurs polonais l'avait ainsi tué, le plus beau des chevaliers et d'ancienne extraction princière; celui-ci se portait partout, sur son vigoureux cheval bai clair, et s'était déjà signalé par maintes prouesses. Il avait sabré deux Zaporogues, renversé un bon Cosaque, Fédor Korj et l'avait percé de sa lance après avoir abattu son cheval d'un coup de pistolet. Il venait encore de tuer Kobita.

« C'est avec celui-là que je voudrais essayer mes forces, » s'écria l'*ataman* du *kourèn* de Nésamaïko Koukoubenko.

Il donna de l'éperon à son cheval, et s'élança sur le Polonais, en criant d'une voix si forte que tous ceux qui se trouvaient proche tressaillirent involontairement. Le Polonais eut l'intention de

¹ Nom tatar d'une longue corde terminée par un nœud coulant.

tourner son cheval pour faire face à ce nouvel ennemi; mais l'animal ne lui obéit point. Épouvanté par ce terrible cri, il avait fait un bond de côté, et Koukoubenko put frapper d'une balle dans le dos le Polonais qui tomba de son cheval. Même alors le Polonais ne se rendit pas; il tâcha encore de percer l'ennemi, mais sa main affaiblie laissa retomber son sabre. Koukoubenko prit à deux mains sa lourde épée, lui en enfonça la pointe entre ses lèvres pâles. L'épée lui brisa les dents, lui coupa la langue, lui traversa les vertèbres du cou, et pénétra profondément dans la terre où elle le cloua pour toujours. Le sang rosé jaillit de la blessure, ce sang de gentilhomme, et lui teignit son caftan jaune brodé d'or. Koukoubenko abandonna le cadavre, et se jeta avec les siens sur un autre point.

« Comment peut-on laisser là une si riche armure sans la ramasser? « dit l'*ataman* du *kourèn* d'Oumane, Borodaty.

Et il quitta ses gens pour s'avancer vers l'endroit où le gentilhomme gisait à terre.

« J'ai tué sept seigneurs de ma main, mais je n'ai trouvé sur aucun d'eux une aussi belle armure. »

Et Borodaty, entraîné par l'ardeur du gain, se baissa pour enlever cette riche dépouille. Il lui ôta son poignard turc orné de pierres précieuses, lui enleva sa bourse pleine de ducats, lui détacha du cou un petit sachet qui contenait, avec du linge fin, une boucle de cheveux donnée par une jeune fille en souvenir d'amour. Borodaty n'entendit pas que l'officier au nez rouge arrivait sur lui par derrière, celui-là même qu'il avait déjà renversé de la selle, après l'avoir marqué d'une balafre au visage. L'officier leva son sabre et lui asséna un coup terrible sur son cou penché. L'amour du butin n'avait pas mené à une bonne fin l'*ataman* Borodaty. Sa tête puissante roula par terre d'un côté, et son corps de l'autre, arrosant l'herbe de son sang. A peine l'officier vainqueur avait-il saisi par sa touffe de cheveux la tête de l'*ataman* pour la pendre à sa selle, qu'un vengeur s'était déjà levé.

Ainsi qu'un épervier qui, après avoir tracé des cercles avec ses puissantes ailes, s'arrête tout à coup immobile dans l'air, et fond comme la flèche sur une caille qui chante dans les blés près de la route, ainsi le fils de Tarass, Ostap, s'élança sur l'officier polonais et lui jeta son nœud coulant autour du cou. Le visage rouge de l'officier rougit encore quand le nœud coulant lui serra la gorge. Il saisit convulsivement son pistolet, mais sa main ne put le diriger, et la balle alla se perdre dans la plaine. Ostap détacha de la selle du Polonais un lacet en soie dont il se servait pour lier les prisonniers, lui garrotta les pieds et les bras, attacha l'autre bout du lacet à l'arçon de sa propre selle, et le traîna à travers champs, en criant aux Cosaques d'Oumane d'aller rendre les derniers devoirs à leur *ataman*. Quand les Cosaques de ce *kourèn* apprirent que leur *ataman* n'était plus en vie, ils abandonnèrent le combat pour relever son corps, et se concertèrent pour savoir qui il fallait choisir à sa place.

« Mais à quoi bon tenir de longs conseils ! dirent-ils enfin ; il est impossible de choisir un meilleur *kourennoï* qu'Ostap Boulba. Il est vrai qu'il est plus jeune que nous tous ; mais il a de l'esprit et du sens comme un vieillard. »

Ostap, ôtant son bonnet, remercia ses camarades de l'honneur qu'ils lui faisaient, mais sans prétexter ni sa jeunesse, ni son manque d'expérience, car, en temps de guerre, il n'est pas permis d'hésiter. Ostap les conduisit aussitôt contre l'ennemi, et leur prouva que ce n'était pas à tort qu'ils l'avaient choisi pour *ataman*. Les Polonais sentirent que l'affaire devenait trop chaude ; ils reculèrent et traversèrent la plaine pour se rassembler de l'autre côté. Le petit colonel fit signe à une troupe de quatre cents hommes qui se tenaient en réserve près de la porte de la ville, et ils firent une décharge de mousqueterie sur les Cosaques. Mais ils n'atteignirent que peu de monde. Quelques balles allèrent frapper les bœufs de l'armée, qui regardaient stupidement le combat. Épouvantés, ces animaux poussèrent des mugissements, se ruèrent sur le tabor des Cosaques, brisèrent des chariots et foulèrent aux pieds beaucoup de monde. Mais Tarass, en ce moment, s'élançant avec son *polk* de l'embuscade où il était posté, leur barra le passage, en faisant jeter de grands cris à ses gens. Alors tout le troupeau furieux, éperdu, se retourna sur les régiments polonais qu'il mit en désordre.

« Grand merci, taureaux! criaient les Zaporogues; vous nous avez bien servis pendant la marche, maintenant, vous nous servez à la bataille! »

Les Cosaques se ruèrent de nouveau sur l'ennemi. Beaucoup de Polonais périrent, beaucoup de Cosaques se distinguèrent entre autres Metelitza, Chilo, les deux Pissarenko, Vovtousenko. Se voyant pressés de toutes parts, les Polonais élevèrent leur bannière en signe de ralliement, et se mirent à crier qu'on leur ouvrît les portes de la ville. Les portes fermées s'ouvrirent en grinçant sur leurs gonds et reçurent les cavaliers fugitifs, harassés, couverts de poussière, comme la bergerie reçoit les brebis. Beaucoup de Zaporogues voulaient les poursuivre jusque dans la ville, mais Ostap arrêta les siens en leur disant :

« Éloignez-vous, seigneurs frères, éloignez-vous

des murailles; il n'est pas bon de s'en approcher. »

Ostap avait raison, car, dans le moment même, une décharge générale retentit du haut des remparts. Le *kochévoï* s'approcha pour féliciter Ostap.

« C'est encore un jeune *ataman*, dit-il, mais il conduit ses troupes comme un vieux chef. »

Le vieux Tarass tourna la tête pour voir quel était ce nouvel *ataman*; il aperçut son fils Ostap à la tête du *kourèn* d'Oumane, le bonnet sur l'oreille la massue d'*ataman* dans sa main droite.

« Voyez-vous le drôle! » se dit-il tout joyeux.

Et il remercia tous les Cosaques d'Oumane pour l'honneur qu'ils avaient fait à son fils.

Les Cosaques reculèrent jusqu'à leur tabor; les Polonais parurent de nouveau sur le parapet, mais, cette fois, leurs riches *joupans* étaient déchirés, couverts de sang et de poussière.

« Holà! hé! avez-vous pansé vos blessures? leur criaient les Zaporogues.

— Attendez! Attendez! » répondait d'en haut le gros colonel en agitant une corde dans ses mains.

Et longtemps encore, les soldats des deux partis échangèrent des menaces et des injures.

Enfin, ils se séparèrent. Les uns allèrent se reposer des fatigues du combat; les autres se mirent à appliquer de la terre sur leurs blessures et déchirèrent les riches habits qu'ils avaient enlevés aux morts pour en faire des bandages. Ceux qui avaient conservé le plus de forces, s'occupèrent à rassembler les cadavres de leurs camarades et à leur rendre les derniers honneurs. Avec leurs épées et leurs lances, ils creusèrent des fosses dont ils emportaient la terre dans les pans de leurs habits ; ils y déposèrent soigneusement les corps des Cosaques, et les recouvrirent de terre fraîche pour ne pas les laisser en pâture aux oiseaux. Les cadavres des Polonais furent attachés par dizaines aux queues des chevaux, que les Zaporogues lancèrent dans la plaine en les chassant devant eux à grands coups de fouet. Les chevaux furieux coururent longtemps à travers les champs, traînant derrière eux les cadavres ensanglantés qui roulaient et se heurtaient dans la poussière.

Le soir venu, tous les *kouréni* s'assirent en rond et se mirent à parler des hauts faits de la journée. Ils veillèrent longtemps ainsi. Le vieux Tarass se coucha plus tard que tous les autres; il ne comprenait pas pourquoi Andry ne s'était pas montré parmi les combattants. Le Judas avait-il eu honte de se battre contre ses frères ? Ou bien le juif l'avait-il trompé, et Andry se trouvait-il en prison Mais Tarass se souvint que le cœur d'Andry avait toujours été accessible aux séductions des femmes, et, dans sa désolation, il se mit à maudire la Polonaise qui avait perdu son fils, à jurer qu'il en tirerait vengeance. Il aurait tenu son serment,

sans être touché par la beauté de cette femme; il
l'aurait traînée par ses longs cheveux à travers tout
le camp des Cosaques; il aurait meurtri et souillé
ses belles épaules, aussi blanches que la neige
éternelle qui couvre le sommet des hautes montagnes; il aurait mis en pièces son beau corps.
Mais Boulba ne savait pas lui-même ce que Dieu
lui préparait pour le lendemain.... Il finit par
s'endormir, tandis que la garde vigilante et sobre
se tint toute la nuit près des feux, regardant avec
attention de tous côtés dans les ténèbres.

VIII

Le soleil n'était pas encore arrivé à la moitié de
sa course dans le ciel, que tous les Zaporogues se
réunissaient en assemblée. De la *setch* était venue
la terrible nouvelle que les Tatars, pendant l'absence des Cosaques, l'avaient entièrement pillée,
qu'ils avaient déterré le trésor que les Cosaques
conservaient mystérieusement sous la terre; qu'ils
avaient massacré ou fait prisonniers tous ceux qui
restaient, et qu'emmenant tous les troupeaux, tous
les haras, ils s'étaient dirigés en droite ligne sur
Pérékop. Un seul Cosaque, Maxime Golodoukha,
s'était échappé en route des mains des Tatars; il
avait poignardé le mirza, enlevé son sac rempli de
sequins, et, sur un cheval tatar, en habits tatars,

il s'était soustrait aux poursuites par une course de deux jours et de deux nuits. Son cheval était mort de fatigue; il en avait pris un autre, l'avait encore tué, et sur le troisième enfin il était arrivé dans le camp des Zaporogues, ayant appris en route qu'ils assiégeaient Doubno. Il ne put qu'annoncer le malheur qui était arrivé; mais comment était-il arrivé, ce malheur? Les Cosaques demeurés à la *setch* s'étaient-ils enivrés selon la coutume zaporogue, et rendus prisonniers dans l'ivresse? Comment les Tatars avaient-ils découvert l'endroit où était enterré le trésor de l'armée? Il n'en put rien dire. Le Cosaque était harassé de fatigue; il arrivait tout enflé; le vent lui avait brûlé le visage, il tomba sur la terre, et s'endormit d'un profond sommeil.

En pareil cas, c'était la coutume zaporogue de se lancer aussitôt à la poursuite des ravisseurs, et de tâcher de les atteindre en route, car autrement les prisonniers pouvaient être transportés sur les bazars de l'Asie Mineure, à Smyrne, à l'île de Crète, et Dieu sait tous les endroits où l'on aurait vu les têtes à longue tresse des Zaporogues. Voilà pourquoi les Cosaques s'étaient assemblés. Tous, du premier au dernier, se tenaient debout, le bonnet sur la tête, car ils n'étaient pas venus pour entendre l'ordre du jour de l'*ataman*, mais pour se concerter comme égaux entre eux.

« Què les anciens donnent d'abord leur conseil ! criait-on dans la foule.

— Que le *kochévoï* donne son conseil ! » disaient les autres.

Et le *kochévoï*, ôtant son bonnet, non plus comme chef des Cosaques, mais comme leur camarade, les remercia de l'honneur qu'ils lui faisaient et leur dit :

« Il y en a beaucoup parmi nous qui sont plus anciens que moi et plus sages dans les conseils ; mais puisque vous m'avez choisi pour parler le premier, voici mon opinion : Camarades, sans perdre le temps, mettons-nous à la poursuite du Tatar, car vous savez vous-mêmes quel homme c'est, le Tatar. Il n'attendra pas votre arrivée avec les biens qu'il a enlevés ; mais il les dissipera sur-le-champ, si bien qu'on n'en trouvera plus la trace. Voici donc mon conseil : en route ! Nous nous sommes assez promenés par ici ; les Polonais savent ce que sont les Cosaques. Nous avons vengé la religion autant que nous avons pu ; quant au butin, il ne faut pas attendre grand'chose d'une ville affamée. Ainsi donc mon conseil est de partir.

— Partons ! »

Ce mot retentit dans les *kouréni* des Zaporogues. Mais il ne fut pas du goût de Tarass Boulba, qui abaissa en les fronçant ses sourcils mêlés de blanc et de noir, semblables aux buissons qui croissent sur le flanc nu d'une montagne et dont les cimes ont blanchi sous le givre hérissé du nord.

« Non, ton conseil ne vaut rien, *kochévoï*, dit-il; tu ne parles pas comme il faut. Il paraît que tu as oublié que ceux des nôtres qu'ont pris les Polonais demeurent prisonniers. Tu veux donc que nous ne respections pas la première des saintes lois de la fraternité, que nous abandonnions nos compagnons, pour qu'on les écorche vivants, ou bien pour que, après avoir écartelé leurs corps de Cosaques, on en promène les morceaux par les villes et les campagnes comme ils ont déjà fait du *hetman* et des meilleurs chevaliers de l'Ukraine. Et sans cela, n'ont-ils pas assez insulté à tout ce qu'il y a de saint. Que sommes-nous donc? je vous le demande à tous. Quel Cosaque est celui qui abandonne son compagnon dans le danger, qui le laisse comme un chien périr sur la terre étrangère? Si la chose en est venue au point que personne ne révère plus l'honneur cosaque, et si l'on permet qu'on lui crache sur sa moustache grise, ou qu'on l'insulte par d'outrageantes paroles, ce n'est pas moi du moins qu'on insultera. Je reste seul. »

Tous les Zaporogues qui l'entendirent furent ébranlés.

« Mais as-tu donc oublié, brave *polkovnik*, dit alors le *kochévoï*, que nous avons aussi des compagnons dans les mains des Tatars, et que si nous ne les délivrons pas maintenant, leur vie sera vendue aux païens pour un esclavage éternel, pire que la plus cruelle des morts? As-tu donc oublié qu'ils emportent tout notre trésor acquis au prix du sang chrétien? »

Tous les Cosaques restèrent pensifs, ne sachant que dire. Aucun d'eux ne voulait mériter une mauvaise renommée. Alors s'avança hors des rangs le plus ancien par les années de l'armée zaporogue, Kassian Bovdug. Il était vénéré de tous les Cosaques. Deux fois on l'avait élu *kochévoï*, et à la guerre aussi c'était un bon Cosaque. Mais il avait vieilli. Depuis longtemps il n'allait plus en campagne, et s'abstenait de donner des conseils. Seulement il aimait, le vieux, à rester couché sur le flanc, près des groupes de Cosaques, écoutant les récits des aventures d'autrefois et des campagnes de ses jeunes compagnons. Jamais il ne se mêlait à leurs discours, mais il les écoutait en silence, écrasant du pouce la cendre de sa courte pipe, qu'il n'ôtait jamais de ses lèvres, et il restait longtemps couché, fermant à demi les paupières, et les Cosaques ne savaient s'il était endormi ou s'il les écoutait encore. Pendant toutes les campagnes, il gardait la maison; mais cette fois pourtant le vieux s'était laissé prendre; et faisant le geste de décision propre aux Cosaques, il avait dit :

« A la grâce de Dieu! je vais avec vous. Peut-être serai-je utile en quelque chose à la chevalerie cosaque. »

Tous les Cosaques se turent quand il parut devant l'assemblée, car depuis longtemps ils n'avaient entendu un mot de sa bouche. Chacun voulait savoir ce qu'allait dire Bovdug.

« Mon tour est venu de dire un mot, seigneurs frères, commença-t-il; enfants, écoutez donc le vieux. Le *kochévoï* a bien parlé, et comme chef de l'armée cosaque, obligé d'en prendre soin et de conserver le trésor de l'armée, il ne pouvait rien dire de plus sage. Voilà! que ceci soit mon premier discours; et maintenant écoutez ce que dira mon second. Et voilà ce que dira mon second discours : C'est une grande vérité qu'a dite aussi le *polkovnik* Tarass; que Dieu lui donne longue vie et qu'il y ait beaucoup de pareils *polkovniks* dans l'Ukraine! Le premier devoir et le premier honneur du Cosaque, c'est d'observer la fraternité. Depuis le long temps que je vis dans le monde, je n'ai pas ouï dire, seigneurs frères, qu'un Cosaque eût jamais abandonné ou vendu de quelque manière son compagnon; et ceux-ci, et les autres sont nos compagnons. Qu'il y en ait plus, qu'il y en ait moins, tous sont nos frères. Voici donc mon discours : Que ceux à qui sont chers les Cosaques faits prisonniers par les Tatars, aillent poursuivre les Tatars; et que ceux à qui sont chers les Cosaques faits prisonniers par les Polonais, et qui ne veulent pas abandonner la bonne cause, restent ici. Le *kochévoï*, suivant son devoir, mènera la moitié de nous à la poursuite des Tatars, et l'autre moitié se choisira un *ataman* de circonstance, et d'être *ataman* de circonstance, si vous en croyez une tête blanche, cela ne va mieux à personne qu'à Tarass Boulba. Il n'y en a pas un seul parmi nous qui lui soit égal en vertu guerrière. »

Ainsi dit Bovdug, et il se tut; et tous les Cosaques se réjouirent de ce que le vieux les avait ainsi mis dans la bonne voie. Tous jetèrent leurs bonnets en l'air, en criant :

« Merci, père! il s'est tu, il s'est tu longtemps ; et voilà qu'enfin il a parlé. Ce n'est pas en vain qu'au moment de se mettre en campagne il disait qu'il serait utile à la chevalerie cosaque. Il l'a fait comme il l'avait dit.

— Eh bien? consentez-vous à cela? demanda le *kochévoï*.

— Nous consentons tous! crièrent les Cosaques.

— Ainsi l'assemblée est finie?

— L'assemblée est finie! crièrent les Cosaques.

— Écoutez donc maintenant l'ordre militaire, enfants, dit le *kochévoï*. »

Il s'avança, mit son bonnet, et tous les Zaporogues, ôtant leurs bonnets, demeurèrent tête nue, les yeux baissés vers la terre, comme cela se faisait toujours parmi les Cosaques lorsqu'un ancien se préparait à parler.

« Maintenant, seigneurs frères, divisez-vous. Que celui qui veut partir, passe du côté droit ; que celui qui veut rester, passe du côté gauche. Où ira la majeure partie d'un *kourèn*, tout le reste suivra ; mais si la moindre partie persiste, qu'elle s'incorpore à d'autres *kouréni*. »

Et ils commencèrent à passer, l'un à droite, l'autre à gauche. Quand la majeure partie d'un *kourèn* passait d'un côté, l'*ataman* du *kourèn* passait aussi ; quand c'était la moindre partie, elle s'incorporait aux autres *kouréni*. Et souvent il s'en fallut peu que les deux moitiés ne fussent égales. Parmi ceux qui voulurent demeurer, se trouva presque tout le *kourèn* de Nésamaïko, une grande moitié du *kourèn* de Popovitcheff, tout le *kourèn* d'Oumane, tout le *kourèn* de Kaneff, une grande moitié du *kourèn* de Steblikoff, une grande moitié du *kourèn* de Fimocheff. Tout le reste préféra aller à la poursuite des Tatars. Des deux côtés il y avait beaucoup de bons et braves Cosaques. Parmi ceux qui s'étaient décidés à se mettre à la poursuite des Tatars, il y avait Tchérévety, le vieux Cosaque Pokotipolé, et Lémich, et Procopovitch, et Choma. Démid Popovitch était passé avec eux, car c'était un Cosaque du caractère le plus turbulent ; il ne pouvait rester long-

temps à une même place; ayant essayé ses forces
contre les Polonais, il eut envie de les essayer
contre les Tatars. Les *ataman* des *kouréni* étaient
Nostugan, Pokrychka, Nevymsky; et bien d'autres
fameux et braves Cosaques encore avaient eu envie
d'essayer leur sabre et leurs bras puissants dans une
lutte avec les Tatars. Il n'y avait pas moins de braves
et de bien braves Cosaques parmi ceux qui voulurent rester, tels que les *ataman* Demytrovitch,
Koukoubenko, Vertichvits, Balan, Boulbenko, Ostap. Après eux, il y avait encore beaucoup d'autres
illustres et puissants Cosaques : Vovtousenko, Tché-
nitchenko, Stepan Couska, Ochrim Gouska, Mikola
Gousty, Zadorojny, Métélitza, Ivan Zakroutygouba,
Mosy Chilo, Degtarenko, Sydorenko, Pisarenko,
puis un second Pisarenko, puis encore un Pisarenko, et encore une foule d'autres bons Cosaques.
Tous avaient beaucoup marché à pied, beaucoup
monté à cheval; ils avaient vu les rivages de l'Anatolie, les steppes salées de la Crimée, toutes les rivières grandes et petites qui se versent dans le
Dniepr, toutes les anses et toutes les îles de ce fleuve.
Ils avaient foulé la terre moldave, illyrienne et tur-
que; ils avaient sillonné toute la mer Noire sur leurs
bateaux cosaques à deux gouvernails; ils avaient at-
taqué avec cinquante bateaux de front les plus riches et les plus puissants vaisseaux ; ils avaient coulé
à fond bon nombre de galères turques, et enfin

brûlé beaucoup de poudre en leur vie. Plus d'une fois ils avaient déchiré, pour s'en faire des bas, de précieuses étoffes de Damas ; plus d'une fois ils avaient rempli de sequins en or pur les larges poches de leurs pantalons. Quant aux richesses que chacun d'eux avait dissipées à boire et à se divertir, et qui auraient pu suffire à la vie d'un autre homme, il n'eût pas été possible d'en dresser le compte. Ils avaient tout dissipé à la cosaque, fêtant le monde entier, et louant des musiciens pour faire danser tout l'univers. Même alors il y en avait bien peu qui n'eussent quelque trésor, coupes et vases d'argent, agrafes et bijoux, enfouis sous les joncs des îles du Dniepr, pour que le Tatar ne pût les trouver, si, par malheur, il réussissait à tomber sur la *setch*. Mais il eût été difficile au Tatar de dénicher le trésor, car le maître du trésor lui-même commençait à oublier en quel endroit il l'avait caché. Tels étaient les Cosaques qui avaient voulu demeurer pour venger sur les Polonais leurs fidèles compagnons et la religion du Christ. Le vieux Cosaque Bovdug avait aussi préféré rester avec eux en disant :

« Maintenant mes années sont trop lourdes pour que j'aille courir le Tatar ; ici, il y a une place où je puis m'endormir de la bonne mort du Cosaque. Depuis longtemps j'ai demandé à Dieu, s'il faut terminer ma vie, que je la termine dans une guerre pour la sainte cause chrétienne. Il m'a exaucé.

Nulle part une plus belle mort ne viendra pour le vieux Cosaque. »

Quand ils se furent tous divisés et rangés sur deux files, par *kourèn*, le *kochévoï* passa entre les rangs, et dit :

« Eh bien ! seigneurs frères, chaque moitié est-elle contente de l'autre ?

— Tous sont contents, père, répondirent les Cosaques.

— Embrassez-vous donc, et dites-vous adieu l'un à l'autre, car Dieu sait s'il vous arrivera de vous revoir en cette vie. Obéissez à votre *ataman*, et faites ce que vous savez vous-mêmes; vous savez ce qu'ordonne l'honneur cosaque. »

Et tous les Cosaques, autant qu'il y en avait, s'embrassèrent réciproquement, ce furent les deux *atamans* qui commencèrent; après avoir fait glisser dans les doigts leurs moustaches grises, ils se donnèrent l'accolade sur les deux joues; puis, se prenant les mains avec force, ils voulurent se demander l'un à l'autre :

« Eh bien! seigneur frère, nous reverrons-nous ou non? »

Mais ils se turent, et les deux têtes grises s'inclinèrent pensives. Et tous les Cosaques, jusqu'au dernier, se dirent adieu, sachant qu'il y aurait beaucoup de besogne à faire pour les uns et pour les autres. Mais ils résolurent de ne pas se séparer à l'instant même, et d'attendre l'obscurité de la nuit pour ne pas laisser voir à l'ennemi la diminution de l'armée. Cela fait, ils allèrent dîner, groupés par *kouréni*. Après dîner, tous ceux qui devaient se mettre en route se couchèrent et dormirent d'un long et profond sommeil, comme s'ils eussent pressenti que c'était peut-être le dernier dont ils jouiraient aussi librement. Ils dormirent jusqu'au coucher du soleil ; et quand le soir fut venu, ils commencèrent à graisser leurs chariots. Quand tout fut prêt pour le départ, ils envoyèrent les bagages en avant; eux-mêmes, après avoir encore une fois salué leurs compagnons de leurs bonnets, suivirent lentement les chariots ; la cavalerie marchant en ordre, sans crier, sans siffler les chevaux, piétina doucement à la suite des fantassins et bientôt ils disparurent dans l'ombre. Seulement le pas des chevaux retentissait sourdement dans le lointain, et quelquefois aussi le bruit d'une roue mal graissée qui criait sur l'essieu.

Longtemps encore les Zaporogues restés devant la ville leur faisaient signe de la main, quoiqu'ils les eussent perdus de vue; et lorsqu'ils furent revenus à leur campement, lorsqu'ils virent, à la clarté des étoiles, que la moitié des chariots manquaient, et un nombre égal de leurs frères, leur cœur se serra, et tous devenant pensifs involontairement, baissèrent vers la terre leurs têtes turbulentes.

Tarass voyait bien que, dans les rangs mornes de ses Cosaques, la tristesse, peu convenable aux braves, commençait à incliner doucement toutes les têtes. Mais il se taisait; il voulait leur donner le temps de s'accoutumer à la peine que leur causaient les adieux de leurs compagnons; et cependant il se préparait en silence à les éveiller tout à coup par le *hourra* du Cosaque, pour rallumer avec une nouvelle puissance le courage dans leur âme. C'est une qualité propre à la race slave, race grande et forte, qui est aux autres races ce que la mer profonde est aux humbles rivières. Quand l'orage éclate, elle devient tonnerre et rugissements, elle soulève et fait tourbillonner les flots, comme ne le peuvent les faibles rivières; mais quand il fait doux et calme, plus sereine que les rivières au cours rapide, elle étend son incommensurable nappe de verre, éternelle volupté des yeux.

Tarass ordonna à ses serviteurs de déballer un des chariots, qui se trouvait à l'écart. C'était le plus grand et le plus lourd de tout le camp cosaque; ses fortes roues étaient doublement cerclées de fer, il était puissamment chargé, couvert de tapis et d'épaisses peaux de bœuf, et étroitement ié par des cordes enduites de poix. Ce chariot portait toutes les outres et tous les barils du vieux bon vin qui se conservait depuis longtemps dans les caves de Tarass. Il avait mis ce chariot en réserve pour le cas solennel, où, s'il venait un moment de crise et s'il se présentait une affaire digne d'être transmise à la postérité, chaque Cosaque, jusqu'au dernier, pût boire une gorgée de ce vin précieux, afin que, dans ce grand moment, un grand sentiment s'éveillât aussi dans chaque homme. Sur l'ordre du *polkovnik*, les serviteurs coururent au chariot, coupèrent, avec leurs sabres, les fortes attaches, enlevèrent les lourdes peaux de bœuf, et descendirent les outres et les barils.

« Prenez tous, dit Boulba, tous tant que vous êtes, prenez ce que vous avez pour boire ; que ce soit une coupe, ou une cruche pour abreuver vos chevaux, que ce soit un gant ou un bonnet ; ou bien même étendez vos deux mains. »

Et tous les Cosaques, tant qu'il y en avait, présentèrent l'un une coupe, l'autre la cruche qui lui servait à abreuver son cheval ; celui-ci un gant, celui-là un bonnet ; d'autres enfin présentèrent leurs deux mains rapprochées. Les serviteurs de Tarass passaient entre les rangs, et leur versaient les outres et les barils. Mais Tarass ordonna que personne ne bût avant qu'il eût fait signe à tous de boire d'un seul trait. On voyait qu'il avait quelque chose à dire. Tarass savait bien que si fort que soit par lui-même un bon vieux vin, et si capable de fortifier le cœur de l'homme, cependant une bonne parole qu'on y joint double la force du vin et du cœur.

« C'est moi qui vous régale, seigneurs frères, dit Tarass Boulba, non pas pour vous remercier de l'honneur de m'avoir fait votre *ataman*, quelque grand que soit cet honneur, ni pour faire honneur aux adieux de nos compagnons ; non, l'une et l'autre chose seront plus convenables dans un autre temps que celui où nous nous trouvons à cette heure. Devant nous est une besogne de grande sueur, de grande vaillance cosaque. Buvons donc, compagnons, buvons d'un seul trait ; d'abord et avant tout, à la sainte religion orthodoxe, pour que le temps vienne enfin où la même sainte religion se répande sur le monde entier, où tout ce qu'il y a de païens rentrent dans le giron du Christ. Buvons aussi du même coup à la *setch*, afin qu'elle soit longtemps debout pour la ruine de tous les païens, afin que chaque année il en sorte une foule de héros plus grands les uns que les autres ; et buvons en même temps à notre propre gloire, afin que nos neveux et les fils de nos neveux disent qu'il y eut autrefois des Cosaques qui n'ont pas fait honte à la fraternité, et qui n'ont pas livré leurs compagnons. Ainsi donc, à la religion, seigneurs frères, à la religion !

— A la religion ! crièrent de leurs voix puissantes tous ceux qui remplissaient les rangs voisins. A la religion ! répétèrent les plus éloignés, et jeunes et vieux, tous les Cosaques burent à la religion.

— A la *setch!* dit Tarass, en élevant sa coupe au-dessus de sa tête, le plus haut qu'il put.

— A la *setch!* répondirent les rangs voisins. — A la *setch!* dirent d'une voix sourde les vieux Cosaques, en retroussant leurs moustaches grises ; et s'agitant comme de jeunes faucons qui secouent leurs ailes, les jeunes Cosaques répétèrent : A la *setch!* Et la plaine entendit au loin les Cosaques boire à leur *setch*.

— Maintenant un dernier coup, compagnons : à la gloire, et à tous les chrétiens qui vivent en ce monde. »

Et tous les Cosaques, jusqu'au dernier, burent un dernier coup à la gloire, et à tous les chrétiens qui vivent en ce monde. Et longtemps encore on répétait dans tous les rangs de tous les *kouréni* : « A tous les chrétiens qui vivent dans ce monde ! »

Déjà les coupes étaient vides, et les Cosaques demeuraient toujours les mains élevées. Quoique leurs yeux, animés par le vin, brillassent de gaieté, pourtant ils étaient pensifs. Ce n'était pas au butin de guerre qu'ils songeaient, ni au bonheur de trouver des ducats, des armes précieuses, des habits chamarrés et des chevaux circassiens ; mais ils étaient devenus pensifs comme des aigles posés sur les cimes des montagnes Rocheuses d'où l'on voit au loin s'étendre la mer immense, avec les vaisseaux, les galères, les navires de toutes sortes qui couvrent son sein, avec ses rivages perdus dans un lointain vaporeux et couronnés de villes qui paraissent des mouches et de forêts aussi basses que l'herbe. Comme des aigles, ils regardaient la plaine à l'entour, et leur destin qui s'assombrissait à l'horizon. Toute cette plaine, avec ses routes et ses sentiers tortueux, sera jonchée de leurs ossements blanchis ; elle s'abreuvera largement de leur sang cosaque, elle se couvrira de débris de chariots, de lances rompues, de sabres brisés ; au loin rouleront des têtes à touffes de cheveux, dont les tresses seront emmêlées par le sang caillé, et dont les moustaches tomberont sur le menton. Les aigles viendront en arracher les yeux. Mais il est beau, ce camp de la mort, si librement et si largement étendu. Pas une belle action ne périra, et la gloire cosaque ne se perdra point comme un grain de poudre tombé du bassinet. Il viendra, il viendra quelque joueur de *bandoura*, à la barbe grise descendant sur la poitrine, ou peut-être quelque vieillard, encore plein de courage viril, mais à la tête blanchie, à l'âme inspirée, qui dira d'eux une parole grave et puissante. Et leur renommée s'étendra dans l'univers entier, et tout ce qui viendra dans le monde après eux parlera d'eux ; car une parole puissante se répand au loin, semblable à la cloche de bronze dans laquelle le fondeur a versé beaucoup de pur et précieux argent, afin que, par les villes et les villages, les châteaux et les chaumières, la voix sonore appelle tous les chrétiens à la sainte prière.

IX

Personne, dans la ville assiégée, ne s'était douté que la moitié des Zaporogues eût levé le camp pour se mettre à la poursuite des Tatars. Du haut du beffroi de l'hôtel de ville, les sentinelles avaient seulement vu disparaître une partie des bagages derrière les bois voisins. Mais ils avaient pensé que les Cosaques se préparaient à dresser une embuscade. L'ingénieur français était du même avis. Cependant les paroles du *kochévoï* n'avaient pas été vaines ; la disette se faisait de nouveau sentir parmi les habitants. Selon l'usage des temps passés, la garnison n'avait pas calculé ce qu'il lui fallait de vivres. On avait essayé de faire une nouvelle sortie, mais la moitié de ces audacieux était tombée sous les coups des Cosaques et l'autre moitié avait été refoulée dans la ville sans avoir réussi. Néanmoins les juifs avaient mis à profit la sortie ; ils avaient flairé et dépisté tout ce qu'il leur importait d'apprendre, à savoir pourquoi les Zaporogues étaient partis et vers quel endroit ils se dirigeaient, avec quels chefs, avec quels *kouréni*, combien étaient partis, combien étaient restés, et ce qu'ils pensaient faire. En un mot, au bout de quelques minutes, on savait tout dans la ville. Les colonels reprirent courage et se préparèrent à livrer bataille. Tarass devinait leurs préparatifs au mouvement et au bruit qui se faisaient dans la place ; il se préparait de son côté : il rangeait ses troupes, donnait des ordres, divisait les *kouréni* en trois corps, et les entourait de bagages comme d'un rempart, espèce de combat où les Zaporogues étaient invincibles. Il ordonna à deux *kouréni* de se mettre en embuscade ; il couvrit une partie de la plaine de pieux aigus, de débris d'armes, de tronçons de lances, afin qu'à l'occasion il pût y jeter la cavalerie ennemie. Quand tout fut ainsi disposé, il fit un discours aux Cosaques, non pour les ranimer et leur donner du courage, il les savait fermes de cœur, mais parce que lui-même avait besoin d'épancher le sien.

« J'ai envie de vous dire, mes seigneurs, ce qu'est notre fraternité. Vous avez appris de vos pères et de vos aïeux en quel honneur ils tenaient tous notre terre. Elle s'est fait connaître aux Grecs, elle a pris des pièces d'or à Tzargrad [1] ; elle a eu

[1] Ville impériale, Byzance.

des villes somptueuses et des temples, et des *kniaz* [1] : des *kniaz* de sang russe, et des *kniaz* de son sang, mais non pas de catholiques hérétiques. Les païens ont tout pris, tout est perdu. Nous seuls sommes restés, mais orphelins, et comme une veuve qui a perdu un puissant époux, de même que nous notre terre est restée orpheline. Voilà dans quel temps, compagnons, nous nous sommes donné la main en signe de fraternité. Voilà sur quoi se base notre fraternité ; il n'y a pas de lien plus sacré que celui de la fraternité. Le père aime son enfant, la mère aime son enfant, l'enfant aime son père et sa mère ; mais qu'est-ce que cela, frères? la bête féroce aime aussi son enfant. Mais s'apparenter par la parenté de l'âme, non par celle du sang, voilà ce que peut l'homme seul. Il s'est rencontré des compagnons sur d'autres terres ; mais des compagnons comme sur la terre russe, nulle part. Il est arrivé, non à l'un de vous, mais à plusieurs, de s'égarer en terre étrangère. Eh bien ! vous l'avez vu : là aussi il y a des hommes ; là aussi des créatures de Dieu ; et vous leur parlez comme à l'un d'entre vous. Mais quand on vient au point de dire un mot parti du cœur, vous l'avez vu, ce sont des hommes d'esprit, et pourtant ils ne sont pas des vôtres. Ce sont des hommes, mais pas les mêmes hommes. Non, frères, aimer comme aime un cœur

[1] Princes.

russe, aimer, non par l'esprit seulement, mais par tout ce que Dieu a donné à l'homme, par tout ce qu'il y a en vous, ah!... dit Tarass, avec son geste de décision, en secouant sa tête grise et relevant le coin de sa moustache, non, personne ne peut aimer ainsi. Je sais que maintenant de lâches coutumes se sont introduites dans notre terre : ils ne songent qu'à leurs meules de blé, à leurs tas de foin, à leurs troupeaux de chevaux ; ils ne veillent qu'à ce que leurs hydromels cachetés se conservent bien dans leurs caves; ils imitent le diable sait quels usages païens ; ils ont honte de leur langage; le frère ne veut pas parler avec son frère; le frère vend son frère comme on vend au marché un être sans âme; la faveur d'un roi étranger, pas même d'un roi, la pauvre faveur d'un magnat polonais qui, de sa botte jaune, leur donne des coups sur le museau, leur est plus chère que toute fraternité. Mais chez le dernier des lâches, se fût-il souillé de boue et de servilité, chez celui-là, frères, il y a encore un grain de sentiment russe; et un jour il se réveillera et il frappera, le malheureux! des deux poings sur les basques de son justaucorps; il se prendra la tête des deux mains et il maudira sa lâche existence, prêt à racheter par le supplice une ignoble vie. Qu'ils sachent donc tous ce que signifie sur la terre russe la fraternité. Et si le moment est déjà venu de mourir, certes aucun d'eux ne mourra comme nous; aucun d'eux, aucun. Ce n'est pas donné à leur nature de sourire. »

Ainsi parlait l'*ataman;* et, son discours fini, il secouait encore sa tête qui s'était argentée dans des exploits de Cosaques. Tous ceux qui l'écoutaient furent vivement émus par ce discours qui pénétra jusqu'au fond des cœurs. Les plus anciens dans les rangs demeurèrent immobiles, inclinant leurs têtes grises vers la terre. Une larme brillait sous les vieilles paupières; ils l'essuyèrent lentement avec la manche, et tous, comme s'ils se fussent donné le mot, firent à la fois leur geste d'usage [1] pour exprimer un parti pris, et secouèrent résolûment leurs têtes chargées d'années. Tarass avait touché juste.

Déjà l'on voyait sortir de la ville l'armée ennemie, faisant sonner les trompettes et les clairons, ainsi que les seigneurs polonais, la main sur la hanche, entourés de nombreux serviteurs. Le gros colonel donnait des ordres. Ils s'avancèrent rapidement sur les Cosaques, les menaçant de leurs regards et de leurs mousquets, abrités sous leurs brillantes cuirasses d'airain. Dès que les Cosaques virent qu'ils s'étaient avancés à portée, tous déchargèrent leurs longs mousquets de six pieds, et continuèrent à tirer sans interruption. Le bruit de

[1] Non-seulement ce geste a son nom particulier, mais on en a formé le verbe, l'adverbe, l'adjectif, etc.

leurs décharges s'étendit au loin dans les plaines environnantes, comme un roulement continu. Le champ de bataille était couvert de fumée, et les Zaporogues tiraient toujours sans relâche. Ceux des derniers rangs se bornaient à charger les armes qu'ils tendaient aux plus avancés, étonnant l'ennemi qui ne pouvait comprendre comment les Cosaques tiraient sans recharger leurs mousquets. Dans les flots de fumée grise qui enveloppaient l'une et l'autre armée, on ne voyait plus comment tantôt l'un tantôt l'autre manquait dans les rangs ; mais les Polonais surtout sentaient que les balles pleuvaient épaisses, et lorsqu'ils reculèrent pour sortir des nuages de fumée et pour se reconnaître, ils virent bien des vides dans leurs escadrons. Chez les Cosaques, trois hommes au plus avaient péri, et ils continuaient incessamment leur feu de mousqueterie. L'ingénieur étranger s'étonna lui-même de cette tactique qu'il n'avait jamais vu employer, et il dit à haute voix :

« Ce sont des braves, les Zaporogues ! Voilà comment il faut se battre dans tous les pays. »

Il donna le conseil de diriger les canons sur le camp fortifié des Cosaques. Les canons de bronze rugirent sourdement par leurs larges gueules ; la terre trembla au loin, et toute la plaine fut encore noyée sous des flots de fumée. L'odeur de la poudre s'étendit sur les places et dans les rues des villes voisines et lointaines; mais les canonniers avaient pointé trop haut. Les boulets rougis décrivirent une courbe trop grande; ils volèrent, en sifflant, par-dessus la tête des Cosaques, et s'enfoncèrent profondément dans le sol en labourant au loin la terre noire. A la vue d'une pareille maladresse, l'ingénieur français se prit par les cheveux et pointa lui-même les canons, quoique les Cosaques fissent pleuvoir les balles sans relâche.

Tarass avait vu de loin le péril qui menaçait les *kouréni* de Nésamaïkoff et de Stéblikoff, et s'était écrié de toute sa voix :

« Quittez vite, quittez les chariots ; et que chacun monte à cheval! »

Mais les Cosaques n'auraient eu le temps d'exécuter ni l'un ni l'autre de ces ordres, si Ostap ne s'était porté droit sur le centre de l'ennemi. Il arracha les mèches aux mains de six canonniers; à quatre autres seulement il ne put les prendre. Les Polonais le refoulèrent. Alors, l'officier étranger prit lui-même une mèche pour mettre le feu à un canon énorme, tel que les Cosaques n'en avaient jamais vu. Il ouvrait une large gueule béante par laquelle regardaient mille morts. Lorsqu'il tonna, et trois autres après lui, qui, de leur quadruple coup, ébranlèrent sourdement la terre, ils firent un mal affreux. Plus d'une vieille mère cosaque pleurera son fils et se frappera la poitrine de ses

mains osseuses ; il y aura plus d'une veuve à
Gloukhoff, Némiroff, Tchernigoff et autres villes.
Elle courra, la veuve éplorée, tous les jours au
bazar ; elle se cramponnera à tous les passants, les
regardant aux yeux pour voir s'il ne se trouvera
pas parmi eux le plus cher des hommes. Mais il
passera par la ville bien des troupes de toutes espèces sans que jamais il se trouve parmi elles le
plus cher de tous les hommes.

La moitié du *kourèn* de Nésamaïkoff n'existait
plus. Comme la grêle abat tout un champ de blé,
où chaque épi se balance semblable à un ducat de
poids, ainsi le canon balaye et couche les rangs
cosaques.

En revanche, comme les Cosaques s'élancèrent!
comme tous se ruèrent sur l'ennemi! comme l'*ataman* Koukoubenko bouillonna de rage, quand il
vit que la moitié de son *kourèn* n'existait plus! Il
entra avec les restes des gens de Nésamaïkoff au
centre même des rangs ennemis, hacha comme
du chou, dans sa fureur, le premier qui se trouva
sous sa main, désarma plusieurs cavaliers, frappant de sa lance homme et cheval, parvint jusqu'à
la batterie et s'empara d'un canon. Il regarde, et
déjà l'*ataman* du *kourèn* d'Oumane l'a précédé, et
Stepan Gouska a pris la pièce principale. Leur cé-
dant alors la place, il se tourne avec les siens contre une autre masse d'ennemis. Où les gens de

Nésamaïkoff ont passé, il y a une rue ; où ils tournent, un carrefour. On voyait s'éclaircir les rangs ennemis, et les Polonais tomber comme des gerbes. Près des chariots mêmes, se tient Vovtousenko; devant lui, Tchérévitchenko ; au delà des chariots, Degtarenko, et, derrière lui, l'*ataman* du *kourèn*, Vertikhvist. Déjà Degtarenko a soulevé deux Polonais sur sa lance; mais il en rencontre un troisième moins facile à vaincre Le Polonais était souple et fort, et magnifiquement équipé ; il avait amené à sa suite plus de cinquante serviteurs. Il fit plier Degtarenko, le jeta par terre, et, levant son sabre sur lui, s'écria :

« Il n'y a pas un seul de vous, chiens de Cosaques, qui osât me résister !

— Si pourtant, il y en a, dit Mosy Chilo ; et il s'avance. »

C'était un fort Cosaque, qui avait plus d'une fois commandé sur mer, et passé par bien des épreuves. Les Turcs l'avaient pris avec toute sa troupe à Trébizonde, et les avaient tous emmenés sur leurs galères, les fers aux pieds et aux mains, les privant de riz pendant des semaines entières, et leur faisant boire l'eau salée. Les pauvres gens avaient tout souffert, tout supporté, plutôt que de renier leur religion orthodoxe. Mais l'*ataman* Mosy Chilo n'eut pas le courage de souffrir ; il foula aux pieds la sainte loi, entoura d'un ruban odieux sa tête pécheresse, entra dans la confiance du pacha, devint magasinier du vaisseau et chef de la chiourme. Cela fit une grande peine aux pauvres prisonniers ; ils savaient que si l'un des leurs vendait sa religion et passait au parti des oppresseurs, il était plus pénible et plus amer d'être sous sa main. C'est ce qui arriva. Mosy Chilo leur mit à tous de nouveaux fers, en les attachant trois à trois, les lia de cordes jusqu'aux os, les assomma de coups sur la nuque ; et lorsque les Turcs, satisfaits d'avoir trouvé un pareil serviteur, commencèrent à se réjouir, et s'enivrèrent sans respect pour les lois de leur religion, il apporta les soixante-quatre clefs des fers aux prisonniers afin qu'ils pussent ouvrir les cadenas, jeter leurs liens à la mer, et les échanger contre des sabres pour frapper les Turcs. Les Cosaques firent un grand butin, et revinrent glorieusement dans leur patrie, où, pendant longtemps, les joueurs de *bandoura* glorifièrent Mosy Chilo. On l'eût bien élu *kochévoï ;* mais c'était un étrange Cosaque. Quelquefois il faisait une action que le plus sage n'aurait pas imaginée ; d'autres fois, il tombait dans une incroyable bêtise. Il but et dissipa tout ce qu'il avait acquis, s'endetta près de tous à la *setch*, et, pour combler la mesure, il se glissa, la nuit, comme un voleur des rues, dans un *kourèn* étranger, enleva tous les harnais, et les mit en gage chez le cabaretier. Pour une action si honteuse, on l'attacha à un poteau sur la place du bazar, et l'on mit près de lui un gros bâton afin que chacun, selon la mesure de ses forces, pût lui en asséner un coup. Mais, parmi les Zaporogues, il ne se trouva pas un seul homme qui levât le bâton sur lui, se souvenant des services qu'il avait rendus. Tel était le Cosaque Mosy Chilo.

« Si, pourtant, il y en a pour vous rosser, chiens, dit-il en s'élançant sur le Polonais. Aussi, comme ils se battirent! Cuirasses et brassarts se plièrent sous leurs coups à tous deux. Le Polonais lui déchira sa chemise de fer, et lui atteignit le corps de son sabre. La chemise du Cosaque rougit, mais Chilo n'y fit nulle attention. Il leva sa main; elle était lourde sa main noueuse, et il étourdit son adversaire d'un coup sur la tête. Son casque de bronze vola en éclats; le Polonais chancela, et tomba de la selle; et Chilo se mit à sabrer en croix l'ennemi renversé. Cosaque, ne perds pas ton temps à l'achever, mais retourne-toi plutôt!... Il ne se retourna point, le Cosaque, et l un des serviteurs du vaincu le frappa de son couteau dans le cou. Chilo fit volte-face, et déjà il atteignait l'audacieux, mais celui-ci disparut dans la fumée de la poudre. De tous côtés résonnait un bruit de mousqueterie. Chilo chancela, et sentit que sa blessure était mortelle. Il tomba, mit la main sur la plaie, et se tournant vers ses compagnons :

« Adieu, seigneurs frères camarades, dit-il ; que la terre russe orthodoxe reste debout pour l'éternité, et qu'il lui soit rendu un honneur éternel. »

Il ferma ses yeux éteints, et son âme cosaque quitta sa farouche enveloppe.

Déjà Zadorojni s'avançait à cheval, et l'*ataman de kourèn* Vertikhvist et Balaban s'avançaient aussi.

« Dites-moi, seigneurs, s'écria Tarass, en s'adressant aux *atamans* des *kouréni ;* y a-t-il encore de la poudre dans les poudrières ? La force cosaque ne s'est-elle pas affaiblie ? Les nôtres ne plient-ils pas encore ?

— Père, il y a encore de la poudre dans les poudrières ; la force cosaque n'est pas affaiblie, et les nôtres ne plient pas encore. »

Et les Cosaques firent une vigoureuse attaque. Ils rompirent les rangs ennemis. Le petit colonel fit sonner la retraite et hisser huit drapeaux peints pour rassembler les siens qui s'étaient dispersés dans la plaine. Tous les Polonais accoururent aux drapeaux ; mais ils n'avaient pas encore reformé leurs rangs que déjà l'*ataman* Koukoubenko faisait avec ses gens de Nésamaïkoff une charge en plein centre, et tombait sur le colonel ventru. Le colonel ne soutint pas le choc, et, tournant son cheval, il s'enfuit à toute bride. Koukoubenko le poursuivit longtemps à travers champs, sans le laisser rejoindre les siens. Voyant cela du *kourèn* voisin,

Stépan Gouska se mit de la partie, son *arkan* à la main; courbant la tête sur le cou de son cheval et saisissant l'instant favorable, il lui jeta du premier coup son *arkan* à la gorge. Le colonel devint tout rouge, et saisit la corde des deux mains, en s'efforçant de la rompre. Mais déjà un coup puissant lui avait enfoncé dans sa large poitrine la lame meurtrière. Gouska, toutefois, n'aura pas longtemps à se réjouir. Les Cosaques se retournaient à peine que déjà Gouska était soulevé sur quatre piques. Le pauvre *ataman* n'eut que le temps de dire :

« Périssent tous les ennemis, et que la terre russe se réjouisse dans la gloire pendant des siècles éternels ! »

Et il exhala le dernier soupir. Les Cosaques tournèrent la tête, et déjà, d'un côté, le Cosaque Métélitza faisait fête aux Polonais en assommant tantôt l'un, tantôt l'autre, et, d'un autre côté, l'*ataman* Névilitchki s'élançait à la tête des siens. Près d'un carré de chariots, Zakroutigouba retourne l'ennemi comme du foin, et le repousse, tandis que, devant un carré plus éloigné, le troisième Pisarenko a refoulé une troupe entière de Polonais, et près du troisième carré, les combattants se sont saisis à bras-le-corps, et luttent sur les chariots mêmes.

« Dites-moi, seigneurs, s'écria l'*ataman* Tarass,

en s'avançant au-devant des chefs; y a-t-il encore de la poudre dans les poudrières? La force cosaque n'est-elle pas affaiblie? Les Cosaques ne commencent-ils pas à plier?

— Père, il y a encore de la poudre dans les poudrières; la force cosaque n'est pas affaiblie; les Cosaques ne plient pas encore. »

Déjà Bovdug est tombé du haut d'un chariot. Une balle l'a frappé sous le cœur. Mais, rassemblant toute sa vieille âme, il dit:

« Je n'ai pas de peine à quitter le monde. Dieu veuille donner à chacun une fin pareille, et que la terre russe soit glorifiée jusqu'à la fin des siècles!

Et l'âme de Bovdug s'éleva dans les hauteurs pour aller raconter aux vieillards morts depuis longtemps comment on sait combattre sur la terre russe, et mieux encore comment on y sait mourir pour la sainte religion.

Bientôt après, tomba aussi Balaban, *ataman* de *kourèn*. Il avait reçu trois blessures mortelles, de balle, de lance, et d'un lourd sabre droit. Et c'était un des plus vaillants Cosaques. Il avait fait, comme *ataman*, une foule d'expéditions maritimes, dont la plus glorieuse fut celle des rivages d'Anatolie. Ses gens avaient ramassé beaucoup de sequins, d'étoffes de Damas et de riche butin turc. Mais ils essuyèrent des grands revers à leur retour. Les malheureux durent passer sous les boulets turcs. Quand le vaisseau ennemi fit feu de toutes ses pièces, une moitié de leurs bateaux sombra en tournoyant, il périt dans les eaux plus d'un Cosaque ; mais les bottes de joncs attachées aux flancs des bateaux les sauvèrent d'une commune noyade. Pendant toute la nuit, les Cosaques enlevèrent l'eau des barques submergées avec des pelles creuses et leurs bonnets, en réparant les avaries. De leurs larges pantalons cosaques, ils firent des voiles, et, filant avec promptitude, ils échappèrent au plus rapide des vaisseaux turcs. Et c'était peu qu'ils fussent arrivés sains et saufs à la *setch* ; ils rapportèrent une chasuble brodée d'or à l'archimandrite du couvent de Méjigorsh à Kiew, et des ornements d'argent pur pour l'image de la Vierge, dans le *zaporojié* même. Et longtemps après les joueurs de *bandoura* glorifiaient l'habile réussite des Cosaques. A cette heure, Balaban inclina sa tête, sentant les poignantes approches de la mort, et dit d'une voix faible :

« Il me semble, seigneurs frères, que je meurs d'une bonne mort. J'en ai sabré sept, j'en ai traversé neuf de ma lance, j'en ai suffisamment écrasé sous les pieds de mon cheval, et je ne sais combien j'en ai atteint de mes balles. Fleurisse donc éternellement la terre russe ! »

Et son âme s'envola.

Cosaques, Cosaques, ne livrez pas la fleur de

votre armée. Déjà l'ennemi a cerné Koukoubenko.
Déjà il ne reste autour de lui que sept hommes
du *kourèn* de Nésamaïkoff, et ceux-là se défendent
plus qu'il ne leur reste de force ; déjà les vêtements de leur chef sont rougis de son sang. Tarass
lui-même, voyant le danger qu'il court, s'élance à
son aide ; mais les Cosaques sont arrivés trop tard.
Une lance a pu s'enfoncer sous son cœur avant que
l'ennemi qui l'entoure ait été repoussé. Il s'inclina
doucement sur les bras des Cosaques qui le soutenaient, et son jeune sang jaillit comme une source,
semblable à un vin précieux que des serviteurs maladroits apportent de la cave dans un vase de verre,
et qui le brisent à l'entrée de la salle en glissant
sur le parquet. Le vin se répand sur la terre, et le
maître du logis accourt, en se prenant la tête dans
les mains, lui qui l'avait réservé pour la plus belle
occasion de sa vie, afin que, si Dieu la lui donnait,
il pût dans sa vieillesse fêter un compagnon de ses
jeunes années, et se réjouir avec lui au souvenir
d'un temps où l'homme savait autrement et mieux
se réjouir. Koukoubenko promena son regard autour de lui, et murmura :

« Je remercie Dieu de m'avoir accordé de mourir sous vos yeux, compagnons. Qu'après nous, on
vive mieux que nous, et que la terre russe, aimée
du Christ, soit éternelle dans sa beauté ! »

Et sa jeune âme s'envola. Les anges la prirent

sous les bras, et l'emportèrent aux cieux : elle sera bien là-bas. « Assieds-toi à ma droite, Koukoubenko, lui dira le Christ, tu n'as pas trahi la fraternité, tu n'as pas fait d'action honteuse, tu n'as pas abandonné un homme dans le danger. Tu as conservé et défendu mon Église. » La mort de Koukoubenko attrista tout le monde : et cependant les rangs cosaques s'éclaircissaient à vue d'œil; beaucoup de braves avaient cessé de vivre. Mais les Cosaques tenaient bon.

« Dites-moi, seigneurs, cria Tarass aux *kouréni* restés debout, y a-t-il encore de la poudre dans les poudrières? les sabres ne sont-ils pas émoussés ? la force cosaque ne s'est-elle pas affaiblie? les Cosaques ne plient-ils pas encore?

— Père, il y a encore assez de poudre ; les sabres sont encore bons, la force cosaque n'est pas affaiblie; les Cosaques n'ont pas plié. »

Et les Cosaques s'élancèrent de nouveau comme s'ils n'eussent éprouvé aucune perte. Il ne reste plus vivants que trois *atamans* de *kourèn*. Partout coulent des ruisseaux rouges; des ponts s'élèvent, formés de cadavres des Cosaques et des Polonais. Tarass regarda le ciel, et vit s'y déployer une longue file de vautours. Ah! quelqu'un donc se réjouira! Déjà, là-bas, on a soulevé Métélitza sur le fer d'une lance ; déjà la tête du second Pisarenko a tournoyé dans l'air en clignant des yeux ; déjà Okhrim

Gouska, sabré de haut et en travers, est tombé lourdement.

« Soit ! » dit Tarass, en faisant signe de son mouchoir.

Ostap comprit le geste de son père ; et, sortant de son embuscade, chargea vigoureusement la cavalerie polonaise. L'ennemi ne soutint pas la violence du choc ; et lui, le poursuivant à outrance, le rejeta sur la place où l'on avait planté des pieux et jonché la terre de tronçons de lances. Les chevaux commencèrent à broncher, à s'abattre, et les Polonais à rouler par-dessus leurs têtes. Dans ce moment, les Cosaques de Korsoun, qui se tenaient en réserve derrière les chariots, voyant l'ennemi à portée de mousquet, firent une décharge soudaine. Les Polonais, perdant la tête, se mirent en désordre, et les Cosaques reprirent courage :

« La victoire est à nous ! » crièrent de tous côtés les voix zaporogues.

Les clairons sonnèrent, et on hissa le drapeau de la victoire. Les Polonais, défaits, fuyaient en tout sens.

« Non, non, la victoire n'est pas encore à nous, » dit Tarass, en regardant les portes de la ville.

Il avait dit vrai.

Les portes de la ville s'étaient ouvertes, et il en sortit un régiment de hussards, la fleur des régiments de cavalerie. Tous les cavaliers montaient des *argamaks* [1] bai brun. En avant des escadrons, galopait un chevalier, le plus beau, le plus hardi de tous. Ses cheveux noirs se déroulaient sous son casque de bronze ; son bras était entouré d'une écharpe brodée par les mains de la plus séduisante beauté. Tarass demeura stupéfait quand il reconnut Andry. Et lui, cependant, enflammé par l'ardeur du combat, avide de mériter le présent qui ornait son bras, se précipita comme un jeune lévrier, le plus beau, le plus rapide, et le plus jeune de la meute. « *Atou* [2] ! » crie le vieux chasseur, et le lévrier se précipite, lançant ses jambes en droite ligne dans les airs, penché de tout son corps sur le flanc, soulevant la neige de ses ongles, et devançant dix fois le lièvre lui-même dans la chaleur de sa course. Le vieux Tarass s'arrête ; il regarde comment Andry s'ouvrait un passage, frappant à droite et à gauche, et chassant les Cosaques devant lui. Tarass perd patience.

« Comment, les tiens ! les tiens ! s'écrie-t-il ; tu frappes les tiens, fils du diable ! »

Mais Andry ne voyait pas qui se trouvait devant lui, si c'étaient les siens ou d'autres. Il ne voyait rien. Il voyait des boucles de cheveux, de longues boucles ondoyantes, une gorge semblable au

[1] Chevaux persans.
[2] Mot russe pour exciter les chiens.

cygne de la rivière, un cou de neige et de blanches épaules, et tout ce que Dieu créa pour des baisers insensés.

« Holà! camarades, attirez-le-moi, attirez-le-moi seulement dans le bois, » cria Tarass.

Aussitôt se présentèrent trente des plus rapides Cosaques pour attirer Andry vers le bois. Redressant leurs hauts bonnets, ils lancèrent leurs chevaux pour couper la route aux hussards, prirent en flanc les premiers rangs, les culbutèrent, et les ayant séparés du gros de la troupe, sabrèrent les uns et les autres. Alors Golokopitenko frappa Andry sur le dos du plat de son sabre droit, et tous, à l'instant, se mirent à fuir de toute la rapidité cosaque. Comme Andry s'élança! comme son jeune sang bouillonna dans toutes ses veines! Enfonçant ses longs éperons dans les flancs de son cheval, il vola à perte d'haleine sur les pas des Cosaques, sans se retourner, et sans voir qu'une vingtaine d'hommes seulement avaient pu le suivre. Et les Cosaques, fuyant de toute la célérité de leurs chevaux, tournaient vers le bois. Andry, lancé ventre à terre, atteignait déjà Golokopitenko, lorsque tout à coup une main puissante arrêta son cheval par la bride. Andry tourna la tête; Tarass était devant lui. Il trembla de tout son corps, et devint pâle comme un écolier surpris en maraude par son maître. La colère d'Andry s'éteignit comme si elle ne se fût jamais allumée. Il ne voyait plus devant lui que son terrible père.

« Eh bien! qu'allons-nous faire maintenant? » dit Tarass, en le regardant droit entre les deux yeux.

Andry ne put rien répondre, et resta les yeux baissés vers la terre.

« Eh bien, fils, tes Polonais t'ont-ils été d'un grand secours? »

Andry demeurait muet.

« Ainsi trahir, vendre la religion, vendre les tiens... Attends, descends de cheval. »

Obéissant comme un enfant docile, Andry descendit de cheval, et s'arrêta, ni vif ni mort, devant Tarass.

« Reste là, et ne bouge plus. C'est moi qui t'ai donné la vie, c'est moi qui te tuerai, » dit Tarass; et, reculant d'un pas, il ôta son mousquet de dessus son épaule. Andry était pâle comme un linge. On voyait ses lèvres remuer, et prononcer un nom. Mais ce n'était pas le nom de sa patrie, ni de sa mère, ni de ses frères, c'était le nom de la belle Polonaise.

Tarass fit feu.

Comme un épi de blé coupé par la faucille, Andry inclina la tête, et tomba sur l'herbe sans prononcer un mot.

Le meurtrier de son fils, immobile, regarda longtemps le cadavre inanimé. Il était beau même dans la mort. Son visage viril, naguère brillant de force et d'une irrésistible séduction, exprimait encore une merveilleuse beauté. Ses sourcils, noirs comme un velours de deuil, ombrageaient ses traits pâlis.

« Que lui manquait-il pour être un Cosaque? dit Boulba. Il était de haute taille, il avait des sourcils noirs, un visage de gentilhomme, et sa main était forte dans le combat. Et il a péri, péri sans gloire, comme un chien lâche. »

« Père, qu'as-tu fait? c'est toi qui l'as tué? » dit Ostap, qui arrivait en ce moment.

Tarass fit de la tête un signe affirmatif.

Ostap regarda fixement le mort dans les yeux. Il regretta son frère, et dit :

« Père, livrons-le honorablement à la terre, afin que les ennemis ne puissent l'insulter, et que les oiseaux de proie n'emportent pas les lambeaux de sa chair.

— On l'enterrera bien sans nous, dit Tarass; et il aura des pleureurs et des pleureuses. »

Et pendant deux minutes, il pensa :

« Faut-il le jeter aux loups qui rôdent sur la terre humaine, ou bien respecter en lui la vaillance du chevalier, que chaque brave doit honorer en qui que ce soit? »

Il regarde, et voit Golokopitenko galoper vers lui.

« Malheur! *ataman*. Les Polonais se sont fortifiés, il leur est venu un renfort de troupes fraîches. ».

Golokopitenko n'a pas achevé que Vovtousenko accourt :

« Malheur! *ataman*. Encore une force nouvelle qui fond sur nous. »

Vovtousenko n'a pas achevé que Pisarenko arrive en courant, mais sans cheval :

« Où es-tu, père? les Cosaques te cherchent. Déjà l'*ataman* de *kourèn* Névilitchki est tué; Zadorojny est tué; Tchérévitchenko est tué; mais les Cosaques tiennent encore; ils ne veulent pas mourir, sans t'avoir vu une dernière fois dans les yeux; ils veulent que tu les regardes à l'heure de la mort.

— A cheval, Ostap! » dit Tarass.

Et il se hâta pour trouver encore debout les Cosaques, pour savourer leur vue une dernière fois, et pour qu'ils pussent regarder leur *ataman* avant de mourir. Mais il n'était pas sorti du bois avec les siens, que les forces ennemies avaient cerné le bois de tous côtés, et que partout, à travers les arbres, se montraient des cavaliers armés de sabres et de lances.

« Ostap! Ostap! tiens ferme, » s'écria Tarass.

Et lui-même, tirant son sabre, se mit à écharper les premiers qui lui tombèrent sous la main. Déjà six Polonais se sont à la fois rués sur Ostap; mais il paraît qu'ils ont mal choisi le moment. A l'un, la tête a sauté des épaules; l'autre a fait la culbute en arrière; le troisième reçoit un coup de lance dans les côtes; le quatrième, plus audacieux, a évité la balle d'Ostap en baissant la tête, et la balle brûlante a frappé le cou de son cheval qui, furieux, se cabre, roule à terre, et écrase sous lui son cavalier.

« Bien, fils, bien, Ostap! criait Tarass; voici que je viens à toi. »

Lui-même repoussait les assaillants. Tarass multiplie son sabre; il distribue des cadeaux sur la tête de l'un et sur celle de l'autre; et, regardant toujours Ostap, il le voit luttant corps à corps avec huit ennemis à la fois.

« Ostap! Ostap! tiens ferme. »

Mais déjà Ostap a le dessous; déjà on lui a jeté un *arkan* autour de la gorge; déjà on saisit, déjà on garrotte Ostap.

« Aïe! Ostap, Ostap! criait Tarass en s'ouvrant un passage vers lui, et en hachant comme du chou tout ce qui les séparait; aïe! Ostap, Ostap !... »

Mais, en ce moment, il fut frappé comme d'une lourde pierre; tout tournoya devant ses yeux. Un instant brillèrent, mêlées dans son regard, des lances, la fumée du canon, les étincelles de la mousqueterie et les branches d'arbres avec leurs feuilles.

Il tomba sur la terre comme un chêne abattu, et un épais brouillard couvrit ses yeux.

X

« Il paraît que j'ai longtemps dormi, » dit Tarass en s'éveillant comme du pénible sommeil d'un homme ivre, et en s'efforçant de reconnaître les objets qui l'entouraient.

Une terrible faiblesse avait brisé ses membres. Il avait peine à distinguer les murs et les angles d'une chambre inconnue. Enfin il s'aperçut que Tovkatch était assis auprès de lui, et qu'il paraissait attentif à chacune de ses respirations.

« Oui, pensa Tovkatch ; tu aurais bien pu t'endormir pour l'éternité. »

Mais il ne dit rien, le menaça du doigt et lui fit signe de se taire.

« Mais, dis-moi donc, où suis-je, à présent? reprit Tarass en rassemblant ses esprits, et en cherchant à se rappeler le passé.

— Tais-toi donc! s'écria brusquement son camarade. Que veux-tu donc savoir de plus? Ne vois-tu pas que tu es couvert de blessures? Voici deux semaines que nous courons à cheval à perdre haleine, et que la fièvre et la chaleur te font divaguer. C'est la première fois que tu as dormi tranquillement. Tais-toi donc, si tu ne veux pas te faire de mal toi-même. »

Cependant Tarass s'efforçait toujours de mettre ordre à ses idées, et de se souvenir du passé.

« Mais j'ai donc été pris et cerné par les Polonais ?... Mais il m'était impossible de me faire jour à travers leurs rangs ?...

— Te tairas-tu encore une fois, fils de Satan! s'écria Tovkatch en colère, comme une bonne poussée à bout par les cris d'un enfant gâté. Qu'as-tu besoin de savoir de quelle manière tu t'es sauvé? il suffit que tu sois sauvé, il s'est trouvé des amis qui ne t'ont pas planté là; c'est assez. Il nous reste encore plus d'une nuit à courir ensemble. Tu crois qu'on t'a pris pour un simple Cosaque? non; ta tête a été estimée deux mille ducats.

— Et Ostap ? » s'écria tout à coup Tarass, qui essaya de se mettre sur son séant en se rappelant soudain comment on s'était emparé d'Ostap sous ses yeux, comment on l'avait garrotté et comment il se trouvait aux mains des Polonais.

Alors, la douleur s'empara de cette vieille tête. Il arracha et déchira les bandages qui couvraient ses blessures; il les jeta loin de lui; il voulut parler à haute voix, mais ne dit que des choses incohérentes. Il était de nouveau en proie à la fièvre, au délire, des paroles insensées s'échappaient sans lien et sans ordre de ses lèvres. Pendant ce temps, son fidèle compagnon se tenait debout devant lui, l'accablant de cruels reproches et d'injures. Enfin, il le saisit par les pieds, par les mains, l'emmaillota comme on fait d'un enfant, replaça tous les bandages, l'enveloppa dans une peau de bœuf, l'assujettit avec des cordes à la selle d'un cheval, et s'élança de nouveau sur la route avec lui.

« Fusses-tu mort, je te ramènerai dans ton pays. Je ne permettrai pas que les Polonais insultent à ton origine cosaque, qu'ils mettent ton corps en lambeaux et qu'ils les jettent dans la rivière. Si l'aigle doit arracher les yeux à ton cadavre, que ce soit l'aigle de nos steppes, non l'aigle polonais, non celui qui vient des terres de la Pologne. Fusses-tu mort, je te ramènerai en Ukraine. »

Ainsi parlait son fidèle compagnon, fuyant jour et nuit, sans trêve ni repos. Il le ramena enfin, privé de sentiment, dans la *setch* même des Zaporogues. Là, il se mit à le traiter au moyen de simples et de compresses; il découvrit une femme juive, habile dans l'art de guérir, qui, pendant un mois, lui fit prendre divers remèdes : enfin Tarass se sentit mieux. Soit que l'influence du traitement fût salutaire, soit que sa nature de fer eût pris le dessus, au bout d'un mois et demi, il était sur pied. Ses plaies s'étaient fermées, et les cicatrices faites par le sabre témoignaient seules de la gravité des blessures du vieux Cosaque. Pourtant, il était de-

venu visiblement morose et chagrin. Trois rides
profondes avaient creusé son front, où elles restèrent désormais. Quand il jeta les yeux autour de
lui, tout lui parut nouveau dans la *setch*. Tous ses
vieux compagnons étaient morts; il ne restait pas
un de ceux qui avaient combattu pour la sainte
cause, pour la foi et la fraternité.

Ceux-là aussi qui, à la suite du *kochévoï*, s'étaient
mis à la poursuite des Tatars, n'existaient plus;
tous avaient péri : l'un était tombé au champ d'honneur; un autre était mort de faim et de soif au
milieu des steppes salées de la Crimée; un autre encore s'était éteint dans la captivité, n'ayant
pu supporter sa honte. L'ancien *kochévoï* aussi
n'était plus dès longtemps de ce monde, ni aucun de ses vieux compagnons, et déjà l'herbe du
cimetière avait poussé sur les restes de ces Cosaques autrefois bouillonnants de courage et de vie.
Tarass entendait seulement qu'autour de lui il y
avait une grande orgie, une orgie bruyante : toute
la vaisselle avait volé en éclats; il n'était pas resté
une goutte de vin; les hôtes et les serviteurs avaient
emporté toutes les coupes, tous les vases précieux,
et le maître de la maison, demeuré solitaire et
morne, pensait que mieux eût valu qu'il n'y eût pas
de fête. On s'efforçait en vain d'occuper et de dis-
traire Tarass; en vain les vieux joueurs de *bandoura*
à la barbe grise défilaient par deux et par trois

devant lui, chantant ses exploits de Cosaque; il contemplait tout d'un œil sec et indifférent; une douleur inextinguible se lisait sur ses traits immobiles et sa tête penchée; il disait.à voix basse :

« Mon fils Ostap! »

Cependant les Zaporogues s'étaient préparés à une expédition maritime. Deux cents bateaux avaient été lancés sur le Dniepr, et l'Asie Mineure avait vu ces Cosaques à la tête rasée, à la tresse flottante, mettre à feu et à sang ses rivages fleuris; elle avait vu' les turbans musulmans, pareils aux fleurs innombrables de ses campagnes, dispersés dans ses plaines sanglantes ou nageant auprès du rivage. Elle avait vu quantité de larges pantalons cosaques tachés de goudron, quantité de bras musculeux armés de fouets noirs. Les Zaporogues avaient détruit toutes les vignes et mangé tout le raisin; ils avaient laissé des tas de fumiers dans les mosquées; ils se servaient, en guise de ceintures, des châles précieux de la Perse, et en ceignaient leurs caftans salis. Longtemps après on trouvait encore sur les lieux qu'ils avaient foulés les petites pipes courtes des Zaporogues. Tandis qu'ils s'en retournaient gaiement, un vaisseau turc de dix canons s'était mis à leur poursuite, et une salve générale de son artillerie avait dispersé leurs bateaux légers comme une troupe d'oiseaux. Un tiers d'entre eux avaient péri dans les profondeurs de la mer; le reste avait pu se rallier pour gagner l'embouchure du Dniepr, avec douze tonnes remplies de sequins. Tout cela n'occupait plus Tarass. Il s'en allait dans les champs, dans les steppes, comme pour la chasse; mais son arme demeurait chargée; il la déposait près de lui, plein de tristesse, et s'arrêtait sur le rivage de la mer. Il restait longtemps assis, la tête baissée, et disant toujours :

« Mon Ostap, mon Ostap! »

Devant lui brillait et s'étendait au loin la nappe de la mer Noire; dans les joncs lointains on entendait le cri de la mouette, et sur sa moustache blanchie des larmes tombaient l'une suivant l'autre.

A la fin Tarass n'y tint plus :

« Qu'il en soit ce que Dieu voudra, dit-il, j'irai savoir ce qu'il est devenu. Est-il vivant? est-il dans la tombe? ou bien n'est-il même plus dans la tombe? Je le saurai à tout prix, je le saurai. »

Et une semaine après, il était déjà dans la ville d'Oumane, à cheval, la lance en main, le sabre au côté, le sac de voyage pendu au pommeau de la selle; un pot de gruau, des cartouches, des entraves de cheval et d'autres munitions complétaient son équipage. Il marcha droit à une chétive et sale masure dont les fenêtres ternies se voyaient à peine; le tuyau de la cheminée était bouché par un torchon, et la toiture, percée à jour, toute couverte de moineaux; un tas d'ordures s'étalait devant la porte d'entrée. A la fenêtre apparaissait la tête d'une juive en bonnet ornée de perles noircies.

« Ton mari est-il dans la maison ! dit Boulba en descendant de cheval, et en passant la bride dans un anneau de fer sellé au mur.

— Il y est, dit la juive, qui s'empressa aussitôt de sortir avec une corbeille de froment pour le cheval et un broc de bière pour le cavalier.

— Où donc est ton juif?

— Dans l'autre chambre, à faire ses prières, murmura la juive en saluant Boulba, et en lui souhaitant une bonne santé au moment où il approcha le broc de ses lèvres.

— Reste ici, donne à boire et à manger à mon cheval : j'irai seul lui parler. J'ai affaire à lui. »

Ce juif était le fameux Yankel. Il s'était fait à la fois fermier et aubergiste. Ayant peu à peu pris en main les affaires de tous les seigneurs et hobereaux des environs, il avait insensiblement sucé tout leur argent et fait sentir sa présence de juif sur tout le pays. A trois milles à la ronde, il ne restait plus une seule maison qui fût en bon état. Toutes vieillissaient et tombaient en ruine; la contrée entière était devenue déserte comme après une épidémie ou un incendie général. Si Yankel l'eût habitée une dizaine d'années de plus, il est probable qu'il en eût expulsé jusqu'aux autorités. Tarass entra dans la chambre.

Le juif priait, la tête couverte d'un long voile assez malpropre, et il s'était retourné pour cracher une dernière fois, selon le rite de sa religion, quand tout à coup ses yeux s'arrêtèrent sur Boulba qui se tenait derrière lui. Avant tout brillèrent à ses regards les deux mille ducats offerts pour la tête du Cosaque; mais il eut honte de sa cupidité, et s'efforça d'étouffer en lui-même l'éternelle pensée de l'or, qui, semblable à un ver, se replie autour de l'âme d'un juif.

« Écoute, Yankel, dit Tarass au juif, qui s'était mis en devoir de le saluer et qui alla prudemment fermer la porte, afin de n'être vu de personne; je t'ai sauvé la vie : les Cosaques t'auraient déchiré comme un chien. A ton tour maintenant, rends-moi un service. »

Le visage du juif se rembrunit légèrement.

« Quel service? si c'est quelque chose que je puisse faire, pourquoi ne le ferais-je pas?

— Ne dis rien. Mène-moi à Varsovie.

— A Varsovie?... Comment ! à Varsovie? dit Yankel; et il haussa les sourcils et les épaules d'étonnement.

— Ne réponds rien. Mène-moi à Varsovie. Quoi qu'il en arrive, je veux le voir encore une fois, lui dire ne fût-ce qu'une parole...

— A qui, dire une parole?

— A lui, à Ostap, à mon fils.

— Est-ce que ta seigneurie n'a pas entendu dire que déjà...

— Je sais tout, je sais tout; on offre deux mille ducats pour ma tête. Les imbéciles savent ce qu'elle vaut. Je t'en donnerai cinq mille, moi. Voici deux mille ducats comptant (Boulba tira deux mille ducats d'une bourse en cuir), et le reste quand je reviendrai. »

Le juif saisit aussitôt un essuie-main et en couvrit les ducats.

« Ah! la belle monnaie! ah! la bonne monnaie! s'écria-t-il, en retournant un ducat entre ses doigts et en l'essayant avec les dents; je pense que l'homme à qui ta seigneurie a enlevé ces excellents ducats n'aura pas vécu une heure de plus dans ce monde, mais qu'il sera allé tout droit à la rivière, et s'y sera noyé, après avoir eu de si beaux ducats.

— Je ne t'en aurais pas prié, et peut-être aurais-je trouvé moi-même le chemin de Varsovie. Mais je puis être reconnu et pris par ces damnés Polonais; car je ne suis pas fait pour les inventions. Mais vous autres, juifs, vous êtes créés pour cela. Vous tromperiez le diable en personne : vous connaissez toutes les ruses. C'est pour cela que je suis venu te trouver. D'ailleurs, à Varsovie, je n'aurais non plus rien fait par moi-même. Allons, mets vite les chevaux à ta charrette, et conduis-moi lestement.

— Et ta seigneurie pense qu'il suffit tout bonnement de prendre une bête à l'écurie, de l'attacher à une charrette, et — allons, marche en avant ! — T'a seigneurie pense qu'on peut la conduire ainsi sans l'avoir bien cachée ?

— Eh bien ! cache-moi, comme tu sais le faire ; dans un tonneau vide, n'est-ce pas ?

— Ouais ! ta seigneurie pense qu'on peut la cacher dans un tonneau ? Est-ce qu'elle ne sait pas que chacun croira qu'il y a de l'eau-de-vie dans ce tonneau ?

— Eh bien ! qu'ils croient qu'il y a de l'eau-de-vie !

— Comment qu'ils croient qu'il y a de l'eau-de-vie ! s'écria le juif, qui saisit à deux mains ses longues tresses pendantes, et les leva vers le ciel.

— Qu'as-tu donc à t'ébahir ainsi ?

— Est-ce que ta seigneurie ignore que le bon Dieu a créé l'eau-de-vie pour que chacun puisse en faire l'essai ? Ils sont là-bas un tas de gourmands et d'ivrognes. Le premier gentillâtre venu est capable de courir cinq verstes après le tonneau, d'y faire un trou, et, quand il verra qu'il n'en sort rien, il dira aussitôt : « Un juif ne conduirait pas un tonneau vide ; à coup sûr il y a quelque chose là-dessous. Qu'on saisisse le juif, qu'on garrotte le juif, qu'on enlève tout son argent au juif, qu'on mette le juif en prison ! parce que tout ce qu'il y a de mauvais retombe toujours sur le juif; parce que chacun traite le juif de chien ; parce qu'on se dit qu'un juif n'est pas un homme.

— Eh bien ! alors, mets-moi dans un chariot à poisson !

— Impossible, Dieu le voit, c'est impossible : maintenant, en Pologne, les hommes sont affamés comme des chiens ; on voudra voler le poisson, et on découvrira ta seigneurie.

— Eh bien ! conduis-moi au diable, mais conduis-moi.

— Écoute, écoute, mon seigneur, dit le juif en abaissant ses manches sur les poignets et en s'approchant de lui les mains écartées : voici ce que nous ferons ; maintenant on bâtit partout des forteresses et des citadelles ; il est venu de l'étranger des ingénieurs français, et l'on mène par les chemins beaucoup de briques et de pierres. Que ta seigneurie se couche au fond de ma charrette, et j'en couvrirai le dessus avec des briques. Ta seigneurie est robuste, bien portante ; aussi ne s'inquiètera-t-elle pas beaucoup du poids à porter ; et moi, je ferai une petite ouverture par en bas, afin de pouvoir te nourrir.

— Fais ce que tu veux, seulement conduis-moi. »

Et au bout d'une heure, un chariot chargé de briques et attelé de deux rosses sortait de la ville d'Oumane. Sur l'une d'elles, Yankel était juché, et ses longues tresses bouclées voltigeaient par-dessous sa cape de juif, tandis qu'il sautillait sur sa monture, long comme un poteau de grande route.

XI

A l'époque où se passait cette histoire, il n'y avait encore, sur la frontière, ni employés de la douane, ni inspecteurs (ce terrible épouvantail des hommes entreprenants), et chacun pouvait transporter ce que bon lui semblait. Si, d'ailleurs, quelque individu s'avisait de faire la visite ou l'inspection des marchandises, c'était, la plupart du temps, pour son propre plaisir, surtout lorsque des objets agréables venaient frapper ses regards et que sa main avait un poids et une puissance dignes de respect. Mais les briques n'excitaient l'envie de personne ; elles entrèrent donc sans obstacle par la porte principale de la ville. Boulba, de sa cage étroite, pouvait seulement entendre le bruit des chariots et les cris des conducteurs, mais rien de plus. Yankel, sautillant sur son petit cheval couvert de poussière, entra, après avoir fait quelques détours, dans une petite rue étroite et sombre, qui portait en même temps les noms de Boueuse et de Juiverie, parce qu'en effet, c'est là que se trouvaient réunis tous les juifs de Varsovie. Cette rue ressemblait étonnamment à l'intérieur retourné d'une basse-cour. Il semblait que le soleil n'y pénétrât jamais. Des maisons en bois, devenues entièrement noires, avec de longues perches sortant des fenêtres, augmentaient encore les ténèbres. On voyait, par-ci par là, quelques murailles en briques rouges, devenues noires aussi en beaucoup d'endroits. De loin en loin un lambeau de muraille, plâtré par en haut, brillait aux rayons du soleil d'un insupportable éclat. Là, tout présente des contrastes frappants : des tuyaux de cheminée, des bâillons, des morceaux de marmites. Chacun jetait dans la rue tout ce qu'il avait d'inutile et de sale, offrant aux passants l'occasion d'exercer leurs divers sentiments à propos de ces guenilles. Un homme à cheval pouvait toucher avec la main les perches étendues à travers la rue, d'une maison à l'autre, le long desquelles pendaient des bas à la juive, des culottes courtes et une oie fumée. Quelquefois un assez gentil visage de juive, entouré de perles noircies, se montrait à une fenêtre délabrée. Un tas de petits juifs, sales, déguenillés, aux cheveux crépus, criaient et se vautraient dans la boue.

Un juif aux cheveux roux et le visage bigarré de taches de rousseur qui le faisait ressembler à un œuf de moineau, mit la tête à la fenêtre. Il entama aussitôt avec Yankel une conversation dans leur langage baroque, et Yankel entra dans la cour. Un autre juif qui passait dans la rue s'arrêta, prit part au colloque, et, lorsque enfin Boulba fut parvenu à sortir de dessous les briques, il vit les trois juifs qui discouraient entre eux avec chaleur.

Yankel se tourna vers lui, et lui dit que tout serait fait suivant son désir, que son Ostap était enfermé dans la prison de ville et que, quelque difficile qu'il fût de gagner les gardiens, il espérait pourtant lui ménager une entrevue.

Boulba entra avec les trois juifs dans une chambre.

Les juifs recommencèrent à parler leur langage incompréhensible. Tarass les examinait tour à tour. Il semblait que quelque chose l'eût fortement ému; sur ses traits rudes et insensibles brilla la flamme de l'espérance, de cette espérance qui visite quelquefois l'homme au dernier degré du désespoir; son vieux cœur palpita violemment, comme s'il eût été tout à coup rajeuni.

« Ecoutez, juifs, leur dit-il, et son accent témoignait de l'exaltation de son âme, vous pouvez faire tout au monde, vous trouveriez un objet perdu au fond de la mer, et le proverbe dit qu'un juif se volera lui-même, pour peu qu'il en ait l'envie. Délivrez-moi mon Ostap! donnez-lui l'occasion de s'échapper des mains du diable. J'ai promis à cet homme douze mille ducats; j'en ajouterai douze encore, tous mes vases précieux, et tout l'or enfoui par moi dans la terre, et ma maison, et mes derniers vêtements. Je vendrai tout, et je vous ferai encore un contrat pour la vie, par lequel je m'obligerai à partager avec vous tout ce que je puis acquérir à la guerre !

— Oh! impossible, cher seigneur, impossible! dit Yankel avec un soupir.

— Impossible ! » dit un autre juif.

Les trois juifs se regardèrent en silence.

« Si l'on essayait pourtant, dit le troisième, en jetant sur les deux autres des regards timides, peut-être, avec l'aide de Dieu.... »

Les trois juifs se remirent à causer dans leur langue. Boulba, quelque attention qu'il leur prêtât, ne put rien deviner ; il entendit seulement prononcer souvent le nom de Mardochée, et rien de plus.

« Écoute, mon seigneur ! dit Yankel, il faut d'abord consulter un homme tel qu'il n'a pas encore eu son pareil dans le monde: c'est un homme sage comme Salomon, et si celui-là ne fait rien, personne au monde ne peut rien faire. Reste ici, voici la clef, et ne laisse entrer personne. »

Les juifs sortirent dans la rue.

Tarass ferma la porte, et regarda par la petite fenêtre dans cette sale rue de la Juiverie. Les trois

juifs s'étaient arrêtés dans la rue et parlaient entre
eux avec vivacité. Ils furent bientôt rejoints par un
quatrième, puis par un cinquième. Boulba entendit
de nouveau répéter le nom de Mardochée! Mardochée! Les juifs tournaient continuellement leurs
regards vers l'un des côtés de la rue. Enfin, à l'un
des angles, apparut, derrière une sale masure, un
pied chaussé d'un soulier juif, et flottèrent les pans
d'un caftan court. Ah! Mardochée! Mardochée!
crièrent tous les juifs d'une seule voix. Un juif
maigre, moins long que Yankel, mais beaucoup
plus ridé, et remarquable par l'énormité de sa lèvre supérieure, s'approcha de la foule impatiente.
Alors tous les juifs s'empressèrent à l'envi de lui
faire leur narration, pendant laquelle Mardochée
tourna plusieurs fois ses regards vers la petite fenêtre, et Tarass put comprendre qu'il s'agissait de
lui. Mardochée gesticulait des deux mains, écoutait, interrompait les discours des juifs, crachait
souvent de côté, et, soulevant les pans de sa robe,
fourrait ses mains dans les poches pour en tirer
des espèces de castagnettes, opération qui permettait de remarquer ses hideuses culottes. Enfin les
juifs se mirent à crier si fort, qu'un des leurs qui
faisait la garde fut obligé de leur faire signe de se
taire, et Tarass commençait à craindre pour sa
sûreté; mais il se tranquillisa, en pensant que les
juifs pouvaient bien converser dans la rue, et que

le diable lui-même ne saurait comprendre leur baragouin.

Deux minutes après, les juifs entrèrent tous à la fois dans sa chambre. Mardochée s'approcha de Tarass, lui frappa sur l'épaule, et dit:

« Quand nous voudrons faire quelque chose, ce sera fait comme il faut. »

Tarass examina ce Salomon, qui n'avait pas son pareil dans le monde, et conçut quelque espoir. Effectivement, sa vue pouvait inspirer une certaine confiance. Sa lèvre supérieure était un véritable épouvantail; il était hors de doute qu'elle n'était parvenue à ce développement de grosseur que par des raisons indépendantes de la nature. La barbe du Salomon n'était composée que de quinze poils; encore ne poussaient-ils que du côté gauche. Son visage portait les traces de tant de coups, reçus pour prix de ses exploits, qu'il en avait sans doute perdu le compte depuis longtemps, et s'était habitué à les regarder comme des taches de naissance.

Mardochée s'éloigna bientôt avec ses compagnons, remplis d'admiration pour sa sagesse. Boulba demeura seul. Il était dans une situation étrange, inconnue; et pour la première fois de sa vie, il ressentait de l'inquiétude; son âme éprouvait une excitation fébrile. Ce n'était plus l'ancien Boulba inflexible, inébranlable, puissant comme un chêne ; il était devenu pusillanime ; il était faible maintenant. Il frissonnait à chaque léger bruit, à chaque nouvelle figure de juif qui apparaissait au bout de la rue. Il demeura toute la journée dans cette situation ; il ne but, ni ne mangea, et ses yeux ne se détachèrent pas un instant de la petite fenêtre qui donnait dans la rue. Enfin le soir, assez tard, arrivèrent Mardochée et Yankel. Le cœur de Tarass défaillit.

« Eh bien ! avez-vous réussi ? » demanda-t-il avec l'impatience d'un cheval sauvage.

Mais, avant que les juifs eussent rassemblé leur courage pour lui répondre, Tarass avait déjà remarqué qu'il manquait à Mardochée sa dernière tresse de cheveux, laquelle, bien qu'assez malpropre, s'échappait autrefois en boucle par dessous sa cape. Il était évident qu'il voulait dire quelque chose ; mais il balbutia d'une manière si étrange que Tarass n'y put rien comprendre. Yankel aussi portait souvent la main à sa bouche, comme s'il eût souffert d'une fluxion.

« O cher seigneur ! dit Yankel, c'est tout à fait impossible à présent. Dieu le voit ! c'est impossible ! Nous avons affaire à un si vilain peuple qu'il faudrait lui cracher sur la tête. Voilà Mardochée qui dira la même chose. Mardochée a fait ce que nul homme au monde ne ferait ; mais Dieu n'a pas voulu qu'il en fût ainsi. Il y a trois mille hommes de troupes dans la ville, et demain on les mène tous au supplice. »

Tarass regarda les juifs entre les deux yeux, mais déjà sans impatience et sans colère.

« Et si ta seigneurie veut une entrevue, il faut y aller demain de bon matin, avant que le soleil ne soit levé. Les sentinelles consentent, et j'ai la promesse d'un Leventar. Seulement je désire qu'ils n'aient pas de bonheur dans l'autre monde. *Ah weh mir!* quel peuple cupide! même parmi nous il n'y en a pas de pareils; j'ai donné cinquante ducats à chaque sentinelle et au Leventar....

— C'est bien. Conduis-moi près de lui, » dit Tarass résolûment, et toute sa fermeté rentra dans son âme. Il consentit à la proposition que lui fit Yankel, de se déguiser en costume de comte étranger, venu d'Allemagne; le juif prévoyant avait déjà préparé les vêtements nécessaires. Il faisait nuit. Le maître de la maison (ce même juif à cheveux roux et couvert de taches de rousseur) apporta un maigre matelas, couvert d'une espèce de natte, et l'étendit sur un des bancs pour Boulba. Yankel se coucha par terre sur un matelas semblable.

Le juif aux cheveux roux but une tasse d'eau-de-vie, puis ôta son demi-caftan, ne conservant que ses souliers et ses bas qui lui donnaient beaucoup de ressemblance avec un poulet, et il s'en fut se coucher à côté de sa juive dans quelque chose qui ressemblait à une armoire. Deux petits juifs se couchèrent par terre auprès de l'armoire, comme deux chiens domestiques. Mais Tarass ne dormait pas : il demeurait immobile, frappant légèrement la table de ses doigts. Sa pipe à la bouche, il lançait des nuages de fumée qui faisaient éternuer le juif endormi et l'obligeaient à se fourrer le nez sous la couverture. A peine le ciel se fut-il coloré d'un pâle reflet de l'aurore, qu'il poussa Yankel du pied.

« Debout, juif, et donne-moi ton costume de comte. »

Il s'habilla en une minute, il se noircit les moustaches et les sourcils, se couvrit la tête d'un petit chapeau brun, et s'arrangea de telle sorte qu'aucun de ses Cosaques les plus proches n'eût pu le reconnaître. A le voir, on ne lui aurait pas donné plus de trente ans. Les couleurs de sa santé brillaient sur ses joues, et ses cicatrices mêmes lui donnaient un certain air d'autorité. Ses vêtements chamarrés d'or lui seyaient à merveille.

Les rues dormaient encore. Pas le moindre marchand ne se montrait dans la ville, une corbeille à la main. Boulba et Yankel atteignirent un édifice qui ressemblait à un héron au repos. C'était un bâtiment bas, large, lourd, noirci par le temps, et à l'un de ses angles s'élançait, comme le cou d'une cigogne, une longue tour étroite, couronnée d'un lambeau de toiture. Cet édifice servait à beaucoup d'emplois divers. Il renfermait des casernes, une prison et même un tribunal criminel. Nos voyageurs entrèrent dans le bâtiment et se trouvèrent au milieu d'une vaste salle ou plutôt d'une cour fermée par en haut. Près de mille hommes y dormaient ensemble. En face d'eux se trouvait une petite porte, devant laquelle deux sentinelles jouaient à un jeu qui consistait à se frapper l'un l'autre sur les mains avec les doigts. Ils firent peu d'attention aux arrivants et ne tournèrent la tête que lorsque Yankel leur eut dit :

« C'est nous, entendez-vous bien, mes seigneurs ? c'est nous.

— Allez, dit l'un d'eux, » ouvrant la porte d'une main et tendant l'autre à son compagnon, pour recevoir les coups obligés.

Ils entrèrent dans un corridor étroit et sombre, qui les mena dans une autre salle pareille avec de petites fenêtres en haut.

« Qui vive ! » crièrent quelques voix, et Tarass vit un certain nombre de soldats armés de pied en cap.

« Il nous est ordonné de ne laisser entrer personne.

— C'est nous ! criait Yankel; Dieu le voit, c'est nous, mes seigneurs ! »

Mais personne ne voulait l'écouter. Par bonheur,

en ce moment s'approcha un gros homme, qui paraissait être le chef, car il criait plus fort que les autres.

« Mon seigneur, c'est nous; vous nous connaissez déjà, et le seigneur comte vous témoignera encore sa reconnaissance....

— Laissez-les passer; que mille diables vous serrent la gorge! mais ne laissez plus passer qui que ce soit! Et qu'aucun de vous ne détache son sabre, et ne se couche par terre.... »

Nos voyageurs n'entendirent pas la suite de cet ordre éloquent.

« C'est nous, c'est moi, c'est nous-mêmes! disait Yankel à chaque rencontre.

— Peut-on maintenant? demanda-t-il à l'une des sentinelles, lorsqu'ils furent enfin parvenus à l'endroit où finissait le corridor.

— On peut : seulement je ne sais pas si on vous laissera entrer dans sa prison même. Yan n'y est plus maintenant; on a mis un autre à sa place, répondit la sentinelle.

— Aïe, aïe, dit le juif à voix basse. Voilà qui est mauvais, mon cher seigneur.

— Marche, dit Tarass avec entêtement. »

Le juif obéit.

A la porte pointue du souterrain, se tenait un heiduque orné d'une moustache à triple étage. L'étage supérieur montait aux yeux, le second allait droit en avant, et le troisième descendait sur la bouche, ce qui lui donnait une singulière ressemblance avec un matou.

Le juif se courba jusqu'à terre, et s'approcha de lui presque plié en deux. « Votre seigneurie ! mon illustre seigneur !

— Juif, à qui dis-tu cela?

— A vous, mon illustre seigneur.

— Hum !... Je ne suis pourtant qu'un simple heiduque ! dit le porteur de moustaches à trois étages, et ses yeux brillèrent de contentement.

— Et moi, Dieu me damne, je croyais que c'était le colonel en personne. Aïe, aïe, aïe.... En disant ces mots le juif secoua la tête et écarta les doigts des mains. Aïe, quel aspect imposant ! Vrai Dieu, c'est un colonel, tout à fait un colonel. Un seul doigt de plus, et c'est un colonel. Il faudrait mettre mon seigneur à cheval sur un étalon rapide comme une mouche, pour qu'il fît manœuvrer le régiment. »

Le heiduque retroussa l'étage inférieur de sa moustache, et ses yeux brillèrent d'une complète satisfaction.

« Mon Dieu, quel peuple martial ! continua le juif : *oh weh mir*, quel peuple superbe ! Ces galons, ces plaques dorées, tout cela brille comme un soleil ; et les jeunes filles, dès qu'elles voient ces militaires.... aïe, aïe ! »

Le juif secoua de nouveau la tête.

Le heiduque retroussa l'étage supérieur de sa moustache, et fit entendre entre ses dents un son à peu près semblable au hennissement d'un cheval.

« Je prie mon seigneur de nous rendre un petit service, dit le juif. Le prince que voici arrive de l'étranger, et il voudrait voir les Cosaques. De sa vie il n'a encore vu quelle espèce de gens sont les Cosaques. »

La présence de comtes et de barons étrangers en Pologne était assez ordinaire; ils étaient souvent attirés par la seule curiosité de voir ce petit coin presque à demi asiatique de l'Europe. Quant à la Moscovie et à l'Ukraine, ils regardaient ces pays comme faisant partie de l'Asie même. C'est pourquoi le heiduque, après avoir fait un salut assez respectueux, jugea convenable d'ajouter quelques mots de son propre chef.

« Je ne sais, dit-il, pourquoi Votre Excellence veut les voir. Ce sont des chiens, et non pas des hommes. Et leur religion est telle, que personne n'en fait le moindre cas.

— Tu mens, fils du diable! dit Boulba, tu es un chien toi-même! Comment oses-tu dire qu'on ne fait pas cas de notre religion! C'est de votre religion hérétique qu'on ne fait pas cas!

— Eh, eh! dit le heiduque, je sais, l'ami, qui tu es maintenant. Tu es toi-même de ceux qui sont là sous ma garde. Attends, je vais appeler les nôtres. »

Tarass vit son imprudence, mais l'entêtement et le dépit l'empêchèrent de songer à la réparer. Par bonheur, à l'instant même, Yankel parvint à se glisser entre eux.

« Mon seigneur ! Comment serait-il possible que le comte fût un Cosaque ! Mais s'il était un Cosaque, où aurait-il pris un pareil vêtement et un air si noble ?

— Va toujours ! »

Et le heiduque ouvrait déjà sa large bouche pour crier.

« Royale Majesté, taisez-vous, taisez-vous ! au nom de Dieu, s'écria Yankel, taisez-vous ! Nous vous payerons comme personne n'a été payé de sa vie ; nous vous donnerons deux ducats en or.

— Hé, hé ! deux ducats ! Deux ducats ne me font rien. Je donne deux ducats à mon barbier pour qu'il me rase seulement la moitié de ma barbe. Cent ducats, juif ! »

Ici le heiduque retroussa sa moustache supérieure.

« Si tu ne me donnes pas à l'instant cent ducats, je crie à la garde.

— Pourquoi donc tant d'argent ? » dit piteusement le juif, devenu tout pâle, en détachant les cordons de sa bourse de cuir.

Mais, heureusement pour lui, il n'y avait pas davantage dans sa bourse, et le heiduque ne savait pas compter au delà de cent.

« Mon seigneur, mon seigneur ! partons au plus vite. Vous voyez quelles mauvaises gens cela fait, dit Yankel, après avoir observé que le heiduque maniait l'argent dans ses mains, comme s'il eût regretté de n'en avoir pas demandé davantage.

— Hé bien, allons donc, heiduque du diable ! dit Boulba : tu as pris l'argent, et tu ne songes pas à nous faire voir les Cosaques? Non, tu dois nous les faire voir. Puisque tu as reçu l'argent, tu n'es plus en droit de nous refuser.

— Allez, allez au diable ! sinon, je vous dénonce à l'instant et alors.... tournez les talons, vous dis-je, et déguerpissez au plus tôt.

— Mon seigneur, mon seigneur ! allons-nous-en, au nom de Dieu, allons-nous-en. Fi sur eux! Qu'ils voient en songe une telle chose, qu'il leur faille cracher! » criait le pauvre Yankel.

Boulba, la tête baissée, s'en revint lentement, poursuivi par les reproches de Yankel, qui se sentait dévoré de chagrin à l'idée d'avoir perdu pour rien ses ducats.

« Mais aussi, pourquoi le payer ? Il fallait laisser gronder ce chien. Ce peuple est ainsi fait, qu'il ne peut pas ne pas gronder. *Oh weh mir!* quels bonheurs Dieu envoie aux hommes! Voyez; cent ducats, seulement pour nous avoir chassés ! Et un pauvre juif ! on lui arrachera ses boucles de cheveux, et de son museau l'on fera une chose impossible à regarder, et personne ne lui donnera cent ducats ! O mon Dieu ! ô Dieu de miséricorde ! »

Mais l'insuccès de leur tentative avait eu sur Boulba une tout autre influence ; on en voyait l'effet dans la flamme dévorante dont brillaient ses yeux.

« Marchons, dit-il tout à coup, en secouant une espèce de torpeur : allons sur la place publique. Je veux voir comment on le tourmentera.

— O mon seigneur, pourquoi faire ? Là, nous ne pouvons pas le secourir.

— Marchons, » dit Boulba avec résolution ; et le juif, comme une bonne d'enfant, le suivit avec un soupir.

Il n'était pas difficile de trouver la place où devait avoir lieu le supplice ; le peuple y affluait de toutes parts. Dans ce siècle grossier, c'était un spectacle des plus attrayants, non-seulement pour la populace, mais encore pour les classes élevées. Nombre de vieilles femmes dévotes, nombre de jeunes filles peureuses, qui rêvaient ensuite toute la nuit de cadavres ensanglantés, et qui s'éveillaient en criant comme peut crier un hussard ivre, n'en saisissaient pas moins avec avidité l'occasion de satisfaire leur cu-

riosité cruelle. Ah! quelle horrible torture! criaient
quelques-unes d'entre elles, avec une terreur fébrile, en fermant les yeux et en détournant le visage ; et pourtant elles demeuraient à leur place.
Il y avait des hommes qui, la bouche béante, les
mains étendues convulsivement, auraient voulu
grimper sur les têtes des autres pour mieux voir.
Au milieu de figures étroites et communes, ressortait la face énorme d'un boucher, qui observait
toute l'affaire d'un air connaisseur, et conversait en
monosyllabes avec un maître d'armes qu'il appelait son compère, parce que, les jours de fête, ils
s'enivraient dans le même cabaret. Quelques-uns
discutaient avec vivacité, d'autres tenaient même
des paris; mais la majeure partie appartenait à ce
genre d'individus qui regardent le monde entier et
tout ce qui passe dans le monde, en se grattant
le nez avec les doigts. Sur le premier plan, auprès
des porteurs de moustaches, qui composaient la
garde de la ville, se tenait un jeune gentilhomme
campagnard, ou qui paraissait tel, en costume
militaire, et qui avait mis sur son dos tout ce qu'il
possédait, de sorte qu'il ne lui était resté à la maison qu'une chemise déchirée et de vieilles bottes.
Deux chaînes, auxquelles pendait une espèce de
ducat, se croisaient sur sa poitrine. Il était venu
là avec sa maîtresse Youséfa, et s'agitait continuellement, pour que l'on ne tachât point sa

robe de soie. Il lui avait tout expliqué par avance, si bien qu'il était décidément impossible de rien ajouter.

« Ma petite Youséfa, disait-il, tout ce peuple que ous voyez, ce sont des gens qui sont venus pour voir comment on va supplicier les criminels. Et celui-là, ma petite, que vous voyez là-bas, et qui tient à la main une hache et d'autres instruments, c'est le bourreau, et c'est lui qui les suppliciera. Et quand il commencera à tourner la roue et à faire d'autres tortures, le criminel sera encore vivant ; mais lorsqu'on lui coupera la tête, alors, ma petite, il mourra aussitôt. D'abord il criera et se débattra, mais dès qu'on lui aura coupé la tête, il ne pourra plus ni crier, ni manger, ni boire, parce que alors, ma petite, il n'aura plus de tête. »

Et Youséfa écoutait tout cela avec terreur et curiosité. Les toits des maisons étaient couverts de peuple. Aux fenêtres des combles apparaissaient d'étranges figures à moustaches, coiffées d'une espèce de bonnet. Sur les balcons, abrités pas des baldaquins, se tenait l'aristocratie. La jolie main, brillante comme du sucre blanc, d'une jeune fille rieuse, reposait sur la grille du balcon. De nobles seigneurs, doués d'un embonpoint respectable, contemplaient tout cela d'un air majestueux. Un valet en riche livrée, les manches rejetées en arrière, faisait circuler des boissons et des rafraîchissements. Souvent une jeune fille espiègle, aux yeux noirs, saisissant de sa main blanche des gâteaux ou des fruits, les jetait au peuple. La cohue des chevaliers affamés s'empressait de tendre leurs chapeaux, et quelque long hobereau, qui dépassait la foule de toute sa tête, vêtu d'un *kountousch* autrefois écarlate, et tout chamarré de cordons en or noircis par le temps, saisissait les gâteaux au vol, grâce à ses longs bras, baisait la proie qu'il avait conquise, l'appuyait sur son cœur, et puis la mettait dans sa bouche. Un faucon, suspendu au balcon dans une cage dorée, figurait aussi parmi les spectateurs; le bec tourné de travers et la patte levée, il examinait aussi le peuple avec attention. Mais la foule s'émut tout à coup, et de toutes parts retentirent les cris : les voilà, les voilà! ce sont les Cosaques!

Ils marchaient la tête découverte, leurs longues tresses pendantes, tous avaient laissé pousser leur barbe. Ils s'avançaient sans crainte et sans tristesse, avec une certaine tranquillité fière. Leurs vêtements, de draps précieux, s'étaient usés et flottaient autour d'eux en lambeaux; ils ne regardaient ni ne saluaient le peuple, le premier de tous marchait Ostap.

Que sentit le vieux Tarass, lorsqu'il vit Ostap? Que se passa-t-il alors dans son cœur?... Il le contemplait au milieu de la foule sans perdre un seul de ses mouvements. Les Cosaques étaient déjà parvenus au lieu du supplice. Ostap s'arrêta. A lui le premier appartenait de vider cet amer calice. Il jeta un regard sur les siens, leva une de ses mains au ciel, et dit à haute voix :

« Fasse Dieu que tous les hérétiques qui sont ici rassemblés n'entendent pas, les infidèles, de quelle manière est torturé un chrétien ! Qu'aucun de nous ne prononce une parole. »

Cela dit, il s'approcha de l'échafaud.

« Bien, fils, bien ! » dit Boulba doucement, et il inclina vers la terre sa tête grise.

Le bourreau arracha les vieux lambeaux qui couvraient Ostap; on lui mit les pieds et les mains dans une machine faite exprès pour cet usage, et.... Nous ne troublerons pas l'âme du lecteur par le tableau de tortures infernales dont la seule pensée ferait dresser les cheveux sur la tête. C'était le produit de temps grossiers et barbares, alors que l'homme menait encore une vie sanglante, consacrée aux exploits guerriers, et qu'il y avait endurci toute son âme sans nulle idée d'humanité. En vain quelques hommes isolés, faisant exception à leur siècle, se montraient les adversaires de ces horribles coutumes; en vain le roi et plusieurs chevaliers d'intelligence et de cœur représentaient qu'une semblable cruauté dans les châtiments ne servait qu'à enflammer la vengeance de la nation cosaque. La puissance du roi et des sages opinions ne pouvait rien contre le désordre, contre la volonté audacieuse des magnats polonais, qui, par une absence inconcevable de tout esprit de prévoyance, et par une vanité puérile, n'avaient fait de leur diète qu'une satire du gouvernement.

Ostap supportait les tourments et les tortures avec un courage de géant. L'on n'entendait pas un cri, pas une plainte, même lorsque les bourreaux commencèrent à lui briser les os des pieds et des mains, lorsque leur terrible broiement fut entendu au milieu de cette foule muette par les spectateurs les plus éloignés, lorsque les jeunes filles détournèrent les yeux avec effroi. Rien de pareil à un gémissement ne sortit de sa bouche; son visage ne trahit pas la moindre émotion. Tarass se tenait dans la foule, la tête inclinée, et, levant de temps en temps les yeux avec fierté, il disait seulement d'un ton approbateur :

« Bien, fils, bien!... »

Mais quand on l'eut approché des dernières tortures et de la mort, sa force d'âme parut faiblir. Il tourna les regards autour de lui : Dieu! rien que des visages inconnus, étrangers! Si du moins quelqu'un de ses proches eût assisté à sa fin! Il n'aurait pas voulu entendre les sanglots et la désolation d'une faible mère, ou les cris insensés d'une épouse, s'arrachant les cheveux et meurtrissant sa blanche poitrine; mais il aurait voulu voir un homme ferme, qui le rafraîchît par une parole sensée et le consolât à sa dernière heure. Sa constance succomba, et il s'écria dans l'abattement de son âme :

« Père! où es-tu? entends-tu tout cela?

— Oui, j'entends! »

Ce mot retentit au milieu du silence universel, et tout un million d'âmes frémirent à la fois. Une partie des gardes à cheval s'élancèrent pour examiner scrupuleusement les groupes du peuple. Yankel devint pâle comme un mort, et lorsque les cavaliers se furent un peu éloignés de lui, il se retourna avec terreur pour regarder Boulba; mais Boulba n'était plus à son côté. Il avait disparu sans laisser de trace.

XII

La trace de Boulba se retrouva bientôt. Cent vingt mille hommes de troupes cosaques parurent sur les frontières de l'Ukraine. Ce n'était plus un parti insignifiant, un détachement venu dans l'espoir du butin, ou envoyé à la poursuite des Tatars. Non; la nation entière s'était levée, car sa patience était à bout. Ils s'étaient levés pour venger leurs droits insultés, leurs mœurs ignominieusement tournées en moquerie, la religion de leurs pères et leurs saintes coutumes outragées, les églises livrées à la profanation ; pour secouer les vexations des seigneurs étrangers, l'oppression de l'union catholique, la honteuse domination de la juiverie sur une terre chrétienne, en un mot pour se venger de tous les griefs qui nourrissaient et grossissaient depuis longtemps la haine sauvage des Cosaques.

L'*hetman* Ostranitza, guerrier jeune, mais renommé par son intelligence, était à la tête de l'innombrable armée des Cosaques. Près de lui se tenait Gouma, son vieux compagnon, plein d'expérience. Huit *polkovniks* conduisaient des *polks* de douze mille hommes. Deux *iesaoul*-généraux et un *bountchoug*, ou général à queue, venaient à la suite de l'*hetman*. Le porte-étendard général marchait devant le premier drapeau ; bien des enseignes et d'autres drapeaux flottaient au loin ; les compagnons des *bountchougs* portaient des lances ornées de queues de cheval. Il y avait aussi beaucoup d'autres dignitaires d'armée, beaucoup de greffiers de *polks* suivis par des détachements à pied et à cheval. On comptait presque autant de Cosaques volontaires que de Cosaques de ligne et de front. Ils s'étaient levés de toutes les contrées, de Tchiguirine, de Péreïeslav, de Batourine, de Gloukhoff, des rivages inférieurs du Dniepr, de ses hauteurs et de ses îles. D'innombrables chevaux et des masses de chariots armés serpentaient dans les champs. Mais parmi ces nuées de Cosaques, parmi ces huit *polks* réguliers, il y avait un *polk* supérieur à tous les autres; et à la tête de ce *polk* était Tarass Boulba. Tout lui donnait l'avantage sur le reste des chefs, et son âge avancé et sa longue expérience, et sa science de faire mouvoir les troupes, et sa haine des ennemis, plus forte que chez tout autre. Même aux Cosaques sa férocité implacable et sa cruauté sanguinaire paraissaient exagérées. Sa tête grise ne condamnait qu'au feu et à la potence, et son avis dans le conseil de guerre ne respirait que ruine et dévastation.

Il n'est pas besoin de décrire tous les combats que livrèrent les Cosaques, ni la marche progressive de la campagne ; tout cela est écrit sur les feuillets des annales. On sait quelle est, dans la terre russe, une guerre soulevée pour la religion. Il n'est pas de force plus forte que la religion. Elle est implacable, terrible, comme un roc dressé par les mains de la nature au milieu d'une mer éternellement orageuse et changeante. Du milieu des profondeurs de l'Océan, il lève vers le ciel ses murailles inébranlables, formées d'une seule pierre, entière et compacte. De toutes parts on l'aperçoit, et de toutes parts il regarde fièrement les vagues qui fuient devant lui. Malheur au navire qui vient le choquer! ses fragiles agrès volent en pièces; tout ce qu'il porte se noie ou se brise, et l'air d'alentour retentit des cris plaintifs de ceux qui périssent dans les flots.

Sur les feuillets des annales on lit d'une manière détaillée comment les garnisons polonaises fuyaient des villes reconquises; comment l'on pendait les fermiers juifs sans conscience; comment l'*hetman* de la couronne, Nicolas Potocki, se trouva faible, avec sa nombreuse armée, devant cette force irrésistible; comment, défait et poursuivi, il noya dans une petite rivière la majeure partie de ses troupes; comment les terribles *polks* cosaques le cernèrent dans le petit village de Polonnoï, et comment, réduit à l'extrémité, l'*hetman* polonais promit sous serment, au nom du roi et des magnats de la couronne, une satisfaction entière ainsi que le rétablissement de tous les anciens droits et priviléges. Mais les Cosaques n'étaient pas hommes à se laisser prendre à cette promesse; ils savaient ce que valaient à leur égard les serments polonais. Et Potocki n'eût plus fait le beau sur son *argamak* de six mille ducats, attirant les regards des illustres dames et l'envie de la noblesse; il n'eût plus fait de bruit aux assemblées, ni donné de fêtes splendides aux sénateurs, s'il n'avait été sauvé par le clergé russe qui se trouvait dans ce village. Lorsque tous les prêtres sortirent, vêtus de leurs brillantes robes dorées, portant les images de la croix, et, à leur tête, l'archevêque lui-même, la crosse en main et la mitre en tête, tous les Cosaques plièrent le genou et ôtèrent leurs bonnets. En ce moment ils n'eussent respecté personne, pas même le roi; mais ils n'osèrent point agir contre leur Église chrétienne, et s'humilièrent devant leur clergé. L'*hetman* et les *polkovniks* consentirent d'un commun accord à laisser partir Potocki, après lui avoir fait jurer de laisser désormais en paix toutes les églises chrétiennes, d'oublier les inimitiés passées et de ne faire aucun mal à l'armée cosaque. Un seul *polkovnik* refusa de consentir à une paix pareille ; c'était Tarass Boulba. Il arracha une mèche de ses cheveux, et s'écria :

« *Hetman, hetman!* et vous, *polkovniks*, ne faites pas cette action de vieille femme ; ne vous fiez pas aux Polonais ; ils vous trahiront, les chiens ! »

Et lorsque le greffier du *polk* eut présenté le traité de paix, lorsque l'*hetman* y eut apposé sa main toute-puissante, Boulba détacha son précieux sabre turc, en pur damas du plus bel acier, le brisa en deux, comme un roseau, et en jeta au loin les tronçons dans deux directions opposées.

« Adieu donc ! s'écria-t-il. De même que les deux moitiés de ce sabre ne se réuniront plus et ne formeront jamais une même arme, de même, nous, aussi, compagnons, nous ne nous reverrons plus en ce monde ! N'oubliez donc pas mes paroles d'adieu. »

Alors sa voix grandit, s'éleva, acquit une puissance étrange, et tous s'émurent en écoutant ses accents prophétiques.

« A votre heure dernière, vous vous souviendrez de moi. Vous croyez avoir acheté le repos et la paix; vous croyez que vous n'avez plus qu'à vous donner du bon temps ? Ce sont d'autres fêtes qui vous attendent. *Hetman*, on t'arrachera la peau de la tête, on l'emplira de graine de riz, et, pendant longtemps, on la verra colportée à toutes les foires ! Vous non plus, seigneurs, vous ne conserverez pas vos têtes. Vous pourrirez dans de froids caveaux, ensevelis sous des murs de pierre, à moins qu'on ne vous rôtisse tout vivants dans des chaudières, comme des moutons.

« Et vous, camarades, continua-t-il en se tournant vers les siens, qui de vous veut mourir de sa vraie mort? Qui de vous veut mourir, non pas sur le poêle de sa maison, ni sur une couche de vieille femme, non pas ivre-mort sous une treille, au cabaret, comme une charogne, mais de la belle mort d'un Cosaque, tous sur un même lit, comme le fiancé avec la fiancée ? A moins pourtant que vous ne veuilliez retourner dans vos maisons, devenir à demi hérétiques, et promener sur vos dos les seigneurs polonais?

— Avec toi, seigneur *polkovnik*, avec toi ! » s'écrièrent tous ceux qui faisaient partie du *polk* de Tarass.

Et ils furent rejoints par une foule d'autres.

« Eh bien! puisque c'est avec moi, avec moi donc ! » dit Tarass.

Il enfonça fièrement son bonnet, jeta un regard terrible à ceux qui étaient demeurés, s'affermit sur son cheval et cria aux siens :

« Personne, du moins, ne nous humiliera par une parole offensante. Allons, camarades, en visite chez les catholiques ! »

Il piqua des deux, et, à sa suite, se mit en marche une compagnie de cent chariots, qu'entouraient beaucoup de cavaliers et de fantassins cosaques ; et, se retournant, il bravait d'un regard plein de mépris et de colère tous ceux qui n'avaient pas voulu le suivre. Personne n'osa les retenir. A la vue de toute l'armée, un *polk* s'en allait, et, longtemps encore, Tarass se retourna et menaça du regard.

L'*hetman* et les autres *polkovniks* étaient troublés ; tous demeurèrent pensifs, silencieux, comme oppressés par un pénible pressentiment. Tarass n'avait pas fait une vaine prophétie. Tout se passa comme il l'avait prédit. Peu de temps après la trahison de *Kaneff*, la tête de l'*hetman* et celle de beaucoup d'entre les principaux chefs furent plantées sur les pieux.

Et Tarass?... Tarass se promenait avec son *polk* à travers toute la Pologne; il brûla dix-huit villages, prit quarante églises, et s'avança jusqu'auprès de Cracovie. Il massacra bien des gentilshommes; il pilla les meilleurs et les plus riches châteaux. Ses Cosaques défoncèrent et répandirent les tonnes d'hydromel et de vins séculaires qui se conservaient avec soin dans les caves des seigneurs; ils déchirèrent à coups de sabre et brûlèrent les riches étoffes, les vêtements de parade, les objets de prix qu'ils trouvaient dans les garde-meubles.

« N'épargnez rien! » répétait Tarass.

Les Cosaques ne respectèrent ni les jeunes femmes aux noirs sourcils, ni les jeunes filles à la blanche poitrine, au visage rayonnant; elles ne purent trouver de refuge même dans les temples. Tarass les brûlait avec les autels. Plus d'une main blanche comme la neige s'éleva du sein des flammes vers les cieux, au milieu des cris plaintifs qui auraient ému la terre humide elle-même, et qui auraient fait tomber de pitié sur le sol l'herbe des steppes. Mais les cruels Cosaques n'entendaient rien, et soulevant les jeunes enfants sur la pointe de leurs lances, ils les jetaient aux mères dans les flammes.

« Ce sont là, Polonais détestés, les messes funèbres d'Ostap! » disait Tarass.

Et de pareilles messes, il en célébrait dans chaque village; jusqu'au moment où le gouvernement polonais reconnut que ses entreprises avaient plus d'importance qu'un simple brigandage, et où ce même Potocki fut chargé, à la tête de cinq régiments, d'arrêter Tarass.

Six jours durant, les Cosaques parvinrent à échapper aux poursuites, en suivant des chemins détournés. Leurs chevaux pouvaient à peine supporter cette course incessante et sauver leurs maîtres. Mais, cette fois, Potocki se montra digne de la mission qu'il avait reçue : il poursuivit l'ennemi sans relâche, et l'atteignit sur les rives du Dniestr, où Boulba venait de faire halte dans une forteresse abandonnée et tombant en ruine.

On la voyait à la cime d'un roc qui dominait le Dniestr, avec les restes de ses glacis déchirés et de ses murailles détruites. Le sommet du roc était tout jonché de pierres, de briques, de débris, toujours prêts à se détacher et à voler dans l'abîme. Ce fut là que l'*hetman* de la couronne Potocki cerna Boulba par les deux côtés qui donnaient accès sur la plaine. Pendant quatre jours, les Cosaques luttèrent et se défendirent à coups de briques et de pierres. Mais leurs munitions, comme leurs forces, finirent par s'épuiser, et Tarass résolut de se frayer un chemin à travers les rangs ennemis. Déjà ses Cosaques s'étaient ouvert un passage, et peut-être leurs chevaux rapides les auraient-ils sauvés encore une fois, quand tout à coup Tarass s'arrêta au milieu de sa course.

« Halte! s'écria-t-il, j'ai perdu ma pipe et mon tabac; je ne veux pas que ma pipe même tombe aux mains des Polonais détestés. »

Et le vieux *polkovnik* se pencha pour chercher dans l'herbe sa pipe et sa bourse à tabac, ses deux inséparables compagnons, sur mer et sur terre, dans les combats et à la maison. Pendant ce temps, arrive une troupe ennemie, qui le saisit par ses puissantes épaules. Il essaye de se dégager; mais les heiduques qui l'avaient saisi ne roulèrent plus à terre, comme autrefois.

« Oh! vieillesse! vieillesse! » dit-il amèrement; et le vieux Cosaque pleura.

Mais ce n'était pas à la vieillesse qu'était la faute; la force avait vaincu la force. Près de trente hommes s'étaient suspendus à ses pieds, à ses bras.

« Le corbeau est pris! criaient les Polonais. Il ne reste plus qu'à trouver la manière de lui faire honneur, à ce chien. »

Et on le condamna, du consentement de l'*hetman*, à être brûlé vif en présence de tout le corps d'armée. Il y avait près de là un arbre nu dont le sommet avait été brisé par la foudre. On attacha Tarass avec des chaînes en fer au tronc de l'arbre; puis on lui cloua les mains, après l'avoir hissé aussi haut que possible, afin que le Cosaque fût vu de loin et de partout ; puis, approchant des branches, les Polonais se mirent à dresser un bûcher au pied de l'arbre. Mais ce n'était pas le bûcher que contemplait Tarass; ce n'était pas aux flammes qui allaient le dévorer que songeait son âme intrépide. Il regardait, l'infortuné, du côté où combattaient ses Cosaques. De la hauteur où il était placé, il voyait tout comme sur la paume de la main.

« Camarades, criait-il, gagnez, gagnez au plus vite la montagne qui est derrière le bois; là, ils ne vous atteindront pas! »

Mais le vent emporta ses paroles.

« Ils vont périr, ils vont périr pour rien ! » s'écriait-il avec désespoir.

Et il regarda au-dessous de lui, à l'endroit où étincelait le Dniestr. Un éclair de joie brilla dans ses yeux. Il vit quatre proues à demi cachées par les buissons; alors rassemblant toutes ses forces, il s'écria de sa voix puissante :

« Au rivage! au rivage, camarades, descendez par le sentier à gauche ! Il y a des bateaux sur la rive; prenez-les tous, pour qu'on ne puisse vous poursuivre. »

Cette fois le vent souffla favorablement, et toutes ses paroles arrivèrent aux Cosaques. Mais il fut récompensé de ce bon conseil par un coup de massue asséné sur la tête, qui fit tournoyer tous les objets devant ses yeux.

Les Cosaques s'élancèrent de toute leur vitesse sur la pente du sentier; mais ils sont poursuivis l'épée dans les reins. Ils regardaient ; le sentier tourne, serpente, fait mille détours.

« Allons, camarades, à la grâce de Dieu ! » s'écrient tous les Cosaques.

Ils s'arrêtent un instant, lèvent leurs fouets, sifflent, et leurs chevaux tatars se détachent du sol, se déroulant dans l'air, comme des serpents, volent par-dessus l'abîme et tombent droit au milieu du Dniestr. Deux seulement d'entre eux n'atteignirent pas le fleuve; ils se fracassèrent sur les rochers, et y périrent avec leurs chevaux sans même pousser un cri. Déjà les Cosaques nageaient à cheval dans la rivière et détachaient les bateaux. Les Polonais s'arrêtèrent devant l'abîme s'étonnant de l'exploit inouï des Cosaques, et se demandant s'il fallait ou non sauter à leur suite. Un jeune colonel au sang vif et bouillant, le propre frère de la belle Polonaise qui avait enchanté le pauvre Andry, s'élança sans réfléchir à la poursuite des Cosaques ; il tourna trois fois en l'air avec son cheval, et retomba sur les rocs aigus. Les pierres anguleuses le déchirèrent en lambeaux, le précipice l'engloutit, et sa cervelle, mêlée de sang, souilla les buissons qui croissaient sur les pentes inégales du glacis.

Lorsque Tarass se réveilla du coup qui l'avait étourdi, lorsqu'il regarda le Dniestr, les Cosaques étaient déjà dans les bâteaux et s'éloignaient à force de rames. Les balles pleuvaient sur eux de la hauteur, mais sans les atteindre. Et les yeux du vieux *polkovnik* brillaient du feu de la joie.

« Adieu, camarades, leur cria-t-il, d'en haut; souvenez-vous de moi, revenez ici au printemps prochain, et faites une belle tournée ! Qu'avez vous gagné, Polonais du diable ? Croyez-vous qu'il y ait au monde une chose qui fasse peur à un Cosaque ? Attendez un peu, le temps viendra bientôt où vous apprendrez ce que c'est que la religion russe orthodoxe. Dès à présent les peuples voisins et lointains le pressentent: un tsar s'élèvera de la terre russe, et il n'y aura pas dans le monde de puissance qui ne se soumette à lui !... »

Déjà le feu s'élevait au-dessus du bûcher, atteignait les pieds de Tarass, et se déroulait en flamme le long du tronc d'arbre..... Mais se trouvera-t-il au monde un feu, des tortures, une puissance capables de dompter la force cosaque !

Ce n'est pas un petit fleuve que le Dniestr; il y a beaucoup d'anses, beaucoup d'endroits sans fond, et d'épais joncs croissent sur ses rivages. Le miroir du fleuve est brillant; il retentit du cri sonore des cygnes, et le superbe *gogol* [1] se laisse emporter par son rapide courant. Des nuées de courlis, de bé-

---

[1] Espèce de canard sauvage, approchant du cygne.

casalnes au rougeâtre plumage, et d'autres oiseaux de toute espèce s'agitent dans ses joncs et sur les plages de ses rives. Les Cosaques voguaient rapidement sur d'étroits bateaux à deux gouvernails, ils ramaient avec ensemble, évitaient prudemment les bas-fonds, et, effrayant les oiseaux qui s'envolaient à leur approche, ils parlaient de leur *ataman*.

FIN.

LIBRAIRIE HACHETTE ET Cie
BOULEVARD SAINT-GERMAIN, 79, A PARIS

1882

ROMANS, NOUVELLES

ŒUVRES DIVERSES

1re SÉRIE, A 3 FR. 50 C. LE VOLUME

About (Éd.) : *Alsace* (1871-1872); 4e édit. 1 vol.
— *La Grèce contemporaine* ; 7e édit. 1 vol.
— *Le progrès* ; 4e édit. 1 vol.
— *Le turco.* — *Le bal des artistes.* — *Le poivre.* — *L'ouverture au château.* — *Tout Paris.* — *La chambre d'ami.* — *Chasse allemande.* — *L'inspection générale.* — *Les cinq perles*; 4e édit. 1 vol.
— *Madelon*; 8e édit. 1 vol.
— *Théâtre impossible*; 2e édit. 1 vol.
— *L'A B C du travailleur* ; 3e édit. 1 vol.
— *Les mariages de province* ; 5e édit. 1 vol.
— *La vieille roche* :
  1re partie : *Le mari imprévu*; 5e édit. 1 vol.
  2e partie : *Les vacances de la comtesse*; 4e édit. 1 vol.
  3e partie : *Le marquis de Lanrose*; 3e édit. 1 vol.
— *Le fellah* ; 3e édit. 1 vol.
— *L'infâme* ; 3e édit. 1 vol.
— *Le roman d'un brave homme* ; 25e mille. 1 vol.

Amicis (de) · *Souvenirs de Paris et de Londres*, traduit de l'italien par Mme J. Colomb. 1 vol.

Cherbuliez (V.), de l'Académie française : *Le comte Kostia*; 8e édit. 1 v.
— *Prosper Randoce*; 3e édit. 1 vol.
— *Paule Méré*; 5e édit. 1 vol.
— *Le roman d'une honnête femme*; 8e édit. 1 vol.
— *Le grand œuvre*; 3e édit. 1 vol.
— *L'aventure de Ladislas Bolski*; 6e édit. 1 vol.
— *La revanche de Joseph Noirel* ; 3e édit. 1 vol.
— *Études de littérature et d'art*. 1 vol.
— *Meta Holdenis*; 4e édit. 1 vol.
— *Miss Rovel* ; 6e édit. 1 vol.
— *Le fiancé de Mlle Saint-Maur*; 4e édit. 1 vol.
— *Samuel Brohl et Cie*; 5e édit. 1 vol.
— *L'idée de Jean Têterol*; 5e édit. 1 vol.
— *Amours fragiles*; 3e édit. 1 vol.
— *Noirs et Rouges*; 6e édit. 1 vol.
— *L'Espagne politique* (1868-1873). 1 vol.

Depret : *Nouvelles anciennes*. 1 vol.

Ducom ; *Nouvelles gasconnes*. 1 vol.

Ferry (Gabriel) : *Le coureur des bois* ; 9e édit. 2 vol.
— *Costal l'Indien* ; 4e édit. 1 vol.

Houssaye (A.) : *Le violon de Fran-jolé.* 1 vol.
— *Voyages humoristiques.* 1 vol.
Marmier (X.), de l'Académie française : *En Alsace.* 1 vol.
— *Gazida*, fiction et réalité. 1 vol.
 Ouvrage couronné par l'Académie française.
— *Héléna et Suzanne.* 1 vol.
— *Le roman d'un héritier;* 2e édit. 1 vol.
— *Les fiancés du Spitzberg;* 4e édit. 1 vol.
 Ouvrage couronné par l'Académie française.
— *Lettres sur le Nord;* 5e édit. 1 vol.
— *Mémoires d'un orphelin.* 1 vol.
— *Sous les sapins,* nouvelles du Nord. 1 vol.
— *De l'est à l'ouest.* 1 vol.
— *Les voyages de Nils à la recherche de l'idéal.* 1 vol.
— *Robert Bruce; comment on reconquiert un royaume;* 2e édit. 1 vol.
— *Les âmes en peine,* contes d'un voyageur. 1 vol.
— *En pays lointains.* 1 vol.
— *Les hazards de la vie;* 2e édit. 1 vol.

Marmier (X.) : *Histoire d'un pauvre musicien.* 1 vol.
— *Nouveaux récits de voyage.* 1 vol.
— *Contes populaires de différents pays,* recueillis et traduits. 1 vol.
— *Nouvelles du Nord.* 1 vol.
Michelet (J.) : *L'insecte;* 9e édit. 1 vol.
— *L'oiseau;* 14e édit. 1 vol.
Ralston : *Contes populaires de la Russie.* 1 vol.
Saintine (X.-B.) : *Le chemin des écoliers;* 4e édit. 1 vol.
— *Picciola;* 48e édit. 1 vol.
— *Seul!* 5e édit. 1 vol.
Stahl : *Histoire d'un homme enrhumé.* 1 vol.
Topffer (R.) : *Nouvelles génevoises.* 1 vol.
— *Rosa et Gertrude.* 1 vol.
— *Le presbytère.* 1 vol.
— *Réflexions et menus propos d'un peintre génevois,* ou Essai sur le beau dans les arts. 1 vol.
Wey (Francis) : *Chronique du siège de Paris (1870-1871).* 1 vol.
— *Les Anglais chez eux;* 7e édit. 1 vol.
— *Petits romans.* 1 vol.

2e SÉRIE, A 3 FR. LE VOLUME

Achard (Amédée) : *La chasse à l'idéal.* 1 vol.
— *Le journal d'une héritière;* 2e édit. 1 vol.
— *Les chaînes de fer.* 1 vol.
— *Les fourches caudines.* 1 vol.
— *Maxence Humbert.* 1 vol.
— *Le serment d'Hedwige.* — *Madame de Mailhac.* 1 vol.
— *Olympe de Mézières.* — *Le mari de Delphine.* 1 vol.
— *Yerta Slovoda.* 1 vol.
Beaconsfield (lord) : *Endymion,* roman traduit de l'anglais par J. Girardin. 2 vol.
Deltuf (P.) : *L'ordonnance de non-lieu.* 1 vol.

Depret : *Contes de mon pays.* 1 vol
— *Silhouettes de villes.* 1 vol.
— *Chez les Anglais.* 1 vol.
Énault (Louis) : *En province;* 2e édit. 1 vol.
— *Histoire d'une femme;* 4e édit. 1 vol.
— *Olga;* 2e édit. 1 vol.
— *Un drame intime;* 2e édit. 1 vol.
— *Le roman d'une veuve;* 4e édit. 1 vol.
— *La pupille de la Légion d'honneur.* 2 vol.
— *La destinée;* 3e édit. 1 vol.
— *Les perles noires.* 1 vol.
— *Le baptême du sang;* 2e édit. 2 vol.
— *Le secret de la confession;* 2e édit. 2 vol.

COLLECTIONS A 2 FR. ET A 1 FR. 25 C. LE VOLUME.

Énault (Louis): *Irène ; — Un mariage impromptu ; — Deux villes mortes.* 1 vol.
— *La veuve ;* 4ᵉ édit. 1 vol.
Erckmann-Chatrian : *L'ami Fritz ;* 7ᵉ édit. 1 vol.
Féval (Paul) : *Cœur d'acier.* 2 vol.
— *Le mari embaumé.* 2 vol.
Fleuriot (Mˡˡᵉ Z.) : *Tombée du nid.* 1 vol.
Gautier (Théophile) : *Caprices et zigzags ;* 3ᵉ édit. 1 vol.
Girardin (J.) : *Le locataire des demoiselles Rocher.* 1 vol.
— *Les théories du docteur Wurtz.* 1 vol.

La Cottière (Jacob de) : *Nos semblables,* 1 vol.
Léo (A.) : *Les deux filles de M. Plichon,* 1 vol.
— *L'idéal au village,* 1 vol.
Ouida : *Pascarel,* roman imité de l'anglais par J. Girardin, 1 vol.
— *Unitta.* — *La récompense du vétéran.* — *Les oiseaux dans la neige.* — *La dernière des Castlemaine.* — *L'assiette de mariage.* Nouvelles traduites de l'anglais. 1 vol.
— *Amitié,* traduit par J. Girardin. 1 vol.
— *La princesse Zouroff,* roman traduit par J. Girardin. 1 vol.

3ᵉ SÉRIE, A 2 FR. LE VOLUME

About (Edm.) : *Germaine ;* 13ᵉ édit. 1 vol.
— *Le roi des montagnes ;* 14ᵉ édit. 1 vol.
— *Les mariages de Paris ;* 10ᵉ édit. 1 vol.
— *L'homme à l'oreille cassée ;* 10ᵉ édit. 1 vol.
— *Maître Pierre ;* 8ᵉ édit. 1 vol.
— *Tolla ;* 12ᵉ édit. 1 vol.
— *Trente-et-quarante.* — *Sans dot.* — *Les Parents de Bernard ;* 9ᵉ édit. 1 vol.
Ancelot (Mᵐᵉ) : *Antonia Vernon.* 1 vol.
Aunet (Mᵐᵉ L. d') : *L'héritage du marquis d'Elvigny.* 1 vol.
Berthet (Elie) : *Odilia.* 1 vol.
Bertrand (L.) : *Au fond de mon carnier.* 1 vol.
Bombonnel (C.) : *Le tueur de panthères ;* 4ᵉ édit. 1 vol.
Énault (Louis) : *Alba ;* 5ᵉ édit. 1 vol.
— *Hermine ;* 4ᵉ édit. 1 vol.

Énault (Louis) : *L'amour en voyage ;* 5ᵉ édit. 1 vol.
— *La rose blanche ;* 2ᵉ édit. 1 vol.
— *La vierge du Liban ;* 3ᵉ édit. 1 vol.
— *Nadéje ;* 6ᵉ édit. 1 vol.
— *Stella ;* 4ᵉ édit. 1 vol.
— *Un amour en Laponie ;* 2ᵉ édit. 1 vol.
— *La Vie à deux ;* 3ᵉ édit. 1 vol.
Erckmann-Chatrian : *Contes fantastiques ;* 4ᵉ édit. 1 vol.
Fabre (F.) : *Le chevrier.* 1 vol.
Gérard (J.) : *Le tueur de lions ;* 9ᵉ édit. 1 vol.
Léo (André) : *Légendes corréziennes.* 1 vol.
— *Double histoire.* 1 vol.
Méry : *Contes et nouvelles ;* 2ᵉ édit. 1 vol.
Renaut (E.) : *La perle creuse.* 1 vol.
Viardot (L.) : *Souvenirs de chasse ;* 7ᵉ édit. 1 vol.
Wey (Francis) : *Trop heureux.* 1 vol.

4ᵉ SÉRIE, A 1 FR. 25 C. LE VOLUME

Achard (A.) : *Les vocations.* 1 vol.
Anonyme : *Une conversion.* 1 vol.
Araquy (E. d') : *Galienne.* 1 vol.
Arnould (A.) : *Les trois poètes.* 1 v.

COLLECTION A 1 FR. 25 C. LE VOLUME.

Bernardin de Saint-Pierre : *Paul et Virginie*. 1 vol.
Berthet (Élie) : *Les houilleurs de Polignies* ; 3e édit. 1 vol.
Chapus (E.) : *Le turf* ; 2e édit. 1 vol.
Deschanel : *Physiologie des écrivains et des artistes, ou Essai de critique naturelle*. 1 vol.
Énault (Louis) : *Frantz Müller*. — *Le rouet d'or*. — *Aæl*. 1 vol.
— *Christine* ; 9e édit. 1 vol.
— *Pêle-mêle*, nouvelles ; 2e édit. 1 vol.
Fabre (Ferdinaud) : *Julien Savignac*. 1 vol.
Figuier (Mme L.) : *Nouvelles languedociennes*. 1 vol.
Gautier (Th.) : *Militona* ; 5e édit. 1 vol.
Geruzez (E.) : *Mélanges et pensées*. 1 vol.
Guizot (F.) : *L'amour dans le mariage* ; 11e édit. 1 vol.
Houssaye (Arsène) : *Galerie de portraits du dix-huitième siècle*. 5 vol.
    Les 2 premières séries sont épuisées.
    On vend séparément :
    3e série : *Poètes*. — *Romanciers*. — *Philosophes*.
    4e série : *Hommes et femmes de cour*.
    5e série : *Sculpteurs*. — *Peintres*. — *Musiciens*.
Jacques : *Contes et causeries*. 1 vol.
Joanne (Ad.) : *Albert Flourier*. 1 vol.
La Landelle (de) : *La Meilleure part*. 1 vol.
Lamartine (A. de). *Graziella*. 1 vol.
— *Raphaël*. 1 vol.
— *Le tailleur de pierres de Saint-Point*. 1 vol.
Laprade (Jules de) : *En France et en Turquie*, nouvelles. 1 vol.
Lasteyrie (F. de) : *Causeries artistiques*. 1 vol.
Laurent de Rillé : *Olivier l'orphéoniste*. 1 vol.
Marchand-Gerin (Eug.) : *La Nuit de la Toussaint*. — *Il Cantatore*. 1 vol.
Marco de Saint-Hilaire (E.) : *Anecdotes du temps de Napoléon Ier*. 1 vol.
Michelet (Mme) : *Mémoires d'une enfant*. 1 vol.
Ponson du Terrail : *Le nouveau maître d'école* ; 3e édit. 1 vol.
Prevost (l'abbé) : *La colonie rocheloise*, nouvelle extraite de l'Histoire de Cleveland. 1 vol.
Reybaud (Mme Charles) : *Misé Brun* ; 2e édit. 1 vol.
— *Espagnoles et Françaises*. 1 vol.
Viennet : *Épîtres et satires*. 1 vol.
Wailly (Léon de) : *Angelica Kauffmann*. 2 vol.

5e SÉRIE

BIBLIOTHÈQUE DES MEILLEURS ROMANS ÉTRANGERS

Traductions françaises

A 1 FR. 25 C. LE VOLUME

Ainsworth (W. Harisson) : *Abigail*, traduit de l'anglais par Révoil. 1 v.
— *Crichton*, traduit par Ch. Romey. 2 vol.
Ainsworth (W.-H.) : *Jack Sheppard ou les Chevaliers du brouillard*. 2 v.
Andersen : *Livre d'images sans images*, traduit de l'allemand par F. Minssen. 1 vol.
Anonymes : *César Borgia, ou l'Italie en 1500*, traduit de l'anglais par E. Scheffer. 2 vol.

COLLECTION A 1 FR. 25 C. LE VOLUME.

Anonymes : *Les pilleurs d'épaves*, traduit par Louis Stanio. 1 vol.
— *Miss Mortimer*, traduit par R. de Valbezen.
— *Paul Ferroll*, traduit par Mme H. Loreau. 1 vol.
— *Violette*, chronique d'opéra, imitée par Old-Nick. 1 vol.
— *Whitehall*, traduit par E. Scheffter. 2 vol.
— *Whitefriars*, traduit par E. Scheffter. 2 vol.
— *La veuve Barnaby*, traduit par Mme Ambroise Tardieu. 2 vol.
— *Tom Brown à Oxford*, imité de l'anglais par J. Girardin. 2 vol.
— *Nehalah*, traduit de l'anglais par Yorick Bernard-Derosne. 1 vol.

Austen (Miss) : *Persuasion*, traduit de l'anglais par Mme Letorsay. 1 vol.

Azeglio (Massimo d') : *Nicolas de Lapi*, traduit de l'italien par Paul Vingor. 2 vol.

Beecher-Stowe (Mrs) : *La case de l'oncle Tom*, traduit de l'anglais par Louis Enault. 1 vol.
— *La fiancée du ministre*, traduit par H. de l'Espine. 1 vol.

Bersezio (V.) : *Nouvelles piémontaises*, traduit de l'italien par Amédée Roux. 1 vol.
— *Les anges de la terre*, traduit par Léon Dieu. 1 vol.

Blackmore (R. D.) : *Erema*, traduit de l'anglais par Fr. Bernard. 2 vol.

Braddon (Miss) : *Œuvres*, traduites de l'anglais. 38 volumes :
Aurora Floyd. 2 vol.
Henri Dunbar. 2 vol.
La trace du serpent. 2 vol.
Le secret de lady Audley. 2 vol.
Le capitaine du Vautour. 1 vol.
Le testament de John Marchmont. 2 vol.
Le triomphe d'Éléanor. 2 vol.
Lady Liste. 1 vol.
Ralph l'intendant. 1 vol.
La femme du docteur. 2 vol.
Le locataire de sir Gaspard. 2 vol.
L'allée des dames. 2 vol.
Rupert Godwin. 2 vol.
Le brosseur du lieutenant. 2 vol.

Braddon (Miss) : *Œuvres* (suite) :
Les oiseaux de proie. 2 vol.
L'héritage de Charlotte. 2 vol.
La chanteuse des rues. 2 vol.
Un fruit de la mer Morte. 2 vol.
Lucius Davoren, D. M. 2 vol.
Joshua Haggard. 2 vol.
Barbara, 1 vol.

Bulwer Lytton (sir Edward) : *Œuvres*, traduites de l'anglais. 27 volumes :
Devereux. 2 vol.
Ernest Maltravers. 1 vol.
Le dernier des barons. 2 vol.
Le désavoué. 2 vol.
Le dernier jour de Pompéi. 1 vol.
Mémoires de Pisistrate Caxton. 2 vol.
Mon roman. 2 vol.
Paul Clifford. 2 vol.
Qu'en fera-t-il ? 2 vol.
Rienzi. 2 vol.
Zanoni. 2 vol.
Eugène Aram. 2 vol.
Alice ou les mystères. 1 vol.
Pelham ou aventures d'un gentleman. 2 vol.
Jour et nuit ou heur et malheur. 2 vol.

Caballero (F.) : *Nouvelles andalouses*, traduites de l'espagnol par A. Germond de Lavigne. 1 vol.

Caccianiga : *Le baiser de la comtesse Savina*, traduit de l'italien par L. Dieu. 1 vol.
— *Les délices du farniente*, traduit par le même.

Cervantès. *Nouvelles*, traduites de l'espagnol par L. Viardot. 1 vol.

Craik (miss Mullock) : *Deux mariages*, traduit de l'anglais par Mme J. Ala. 1 vol.
— *Une noble femme*, traduit par Stryienski. 1 vol.

Cummins (miss) : *L'allumeur de réverbères*, traduit de l'anglais par J. Belin de Launay et Ed. Scheffter. 1 vol.
— *Mabel Vaughan*, traduit par Mme Loreau. 1 vol.
— *La rose du Liban*, traduit par Ch. Bernard-Derosne. 1 vol.

COLLECTION À 1 FR. 25 C. LE VOLUME.

Currer-Bell (miss Brontë) : *Jane Eyre*, traduit de l'anglais par Mmes Lesbazeilles-Souvestre, 2 vol.
— *Le professeur*, traduit par Mme Loreau, 1 vol.
— *Shirley*, traduit par Ch. Romey, 2 vol.

Dasent : *Les Vikings de la Baltique*, traduit de l'anglais par Émile Montégut, 2 vol.

Dickens (Charles) : *Œuvres*, traduites de l'anglais. 23 volumes.
   Aventures de M. Pickwick. 2 vol.
   Barnabé Rudge. 2 vol.
   Bleak-House. 2 vol.
   Contes de Noël. 1 vol.
   David Copperfield. 2 vol.
   Dombey et fils. 3 vol.
   La petite Dorrit. 2 vol.
   Le magasin d'antiquités. 2 vol.
   Les temps difficiles. 1 vol.
   Nicolas Nickleby. 2 vol.
   Olivier Twist. 1 vol.
   Paris et Londres en 1793. 1 vol.
   Vie et aventures de Martin Chuzzlewit. 2 vol.
   Les grandes espérances. 2 vol.
   L'ami commun. 2 vol.
   Le mystère d'Edwin Drood. 1 vol.

Dickens et Collins : *L'abîme*, traduit de l'anglais par Mme Judith. 1 vol.

Disraeli : *Sybil*, traduit de l'anglais. 2 vol.
— *Lothair*, traduit par Bernard-Derosne. 2 vol.

Edwardes (Mrs Annie) : *Un bas bleu*, traduit de l'anglais par Gem. 1 vol.

Edwards (Miss Amélia) : *L'héritage de Jacob Trefalden*, traduit de l'anglais par Guidi. 2 vol.

Farina (Salvator) : *Amour aveugle*. — *Bourrasques conjugales*. — *Un homme heureux*. — *Valet de pique*. Nouvelles traduites de l'italien par S. Blandy. 1 vol.

Fleming (M. A.) : *Un mariage extravagant*, traduit de l'anglais par Ch. Bernard-Derosne. 2 vol.
— *Le mystère de Catheron*, traduit par le même. 2 vol.
— *Les chaînes d'or*, traduit par Yorick. 1 vol.

Freytag (G.) : *Doit et avoir*, traduit de l'allemand par W. de Suckau. 3 vol.

Fullerton (lady) : *L'oiseau du bon Dieu*, traduit de l'anglais par Mlle de Saint-Romain. 1 vol.
— *Hélène Middleton*, traduit par M. Villaret. 1 vol.

Gaskell (Mrs) : *Œuvres*, traduites de l'anglais. 7 volumes :
   Autour du sofa. 1 vol.
   Marie Barton. 1 vol.
   Marguerite Hall (nord et sud). 2 vol.
   Ruth. 1 vol.
   Les amoureux de Sylvia. 1 vol.
   Cousine Philis. — *L'œuvre d'une nuit de mai*. — *Le héros du fossoyeur*. 1 vol.

Gerstæcker : *Les deux convicts*, traduit de l'allemand par Révoil. 1 vol.
— *Les pirates du Mississipi*, traduit par Révoil. 1 vol.
— *Aventures d'une colonie d'émigrants en Amérique*, traduit par X. Marmier. 1 vol.

Gœthe : *Werther*, traduit de l'allemand par L. Énault. 1 vol.

Gogol (Nicolas) : *Taras Boulba*, traduit du russe par L. Viardot. 1 vol.

Grenville Murray (E.-C.) : *Le jeune Brown*, traduit de l'anglais par J. Butler. 2 vol.
— *La cabale de boudoir*, traduit par le même. 2 vol.
— *Veuve ou mariée?* traduit par le même. 1 vol.
— *Une famille endettée*, traduit par le même. 1 vol.
— *Étranges histoires*, traduit par le même. 1 vol.

Hacklænder : *Boutique et comptoir*, traduit de l'allemand par A. Materne. 1 vol.
— *La vie militaire en Prusse*, traduit par le capitaine Léon Lemaître. 4 vol.
   Chaque volume se vend séparément.
— *Le moment du bonheur*, traduit par A. Materne. 1 vol.

Hall (capitaine Basil) : *Scènes de la vie maritime*, traduites de l'anglais par A. Pichot. 1 vol.
— *Scènes du bord et de la terre ferme*, traduites par le même. 1 vol.

COLLECTION A 1 FR. 25 C. LE VOLUME.

Hauff (Wilhelm): *Nouvelles*, traduites de l'allemand par A. Materne. 1 vol.
— *Lichtenstein*, traduit par de Suckau. 1 vol.
Heworth (Miss) : *Une méprise*. — *Les trois soirées de la Saint-Jean*. — *Marwell*, Nouvelles traduites de l'anglais par Paul de Beaussire-Seyssel. 1 vol.
Hawthorne (Nathaniel) : *La lettre rouge*, traduit de l'anglais par E. D. Forgues. 1 vol.
— *La maison aux sept pignons*. 1 vol.
Heiberg (L.) : *Nouvelles danoises*, traduites du danois par X. Marmier. 1 vol.
Hildreth : *L'esclave blanc*, traduit de l'anglais par M. F. Mornand. 1 vol.
Hillern (Mme de) : *La fille au vautour*, traduit de l'allemand par J. Gourdault. 1 vol.
— *Le couvent de Marienberg*, traduit par J. Gourdault. 1 vol.
Immermann : *Les paysans de Westphalie*, traduit de l'allemand par Desfeuilles. 1 vol.
James : *Léonora d'Orco*, traduit de l'anglais par Mme do Morvan. 1 vol.
Jenkin (M^rs): *Qui casse paye*, traduit de l'anglais par Mme Léon Georges. 1 vol.
Jerrold (Douglas): *Sous les rideaux*, traduit de l'anglais par A. Le Roy. 1 vol.
Kavanagh (Julia) : *Tuteur et pupille*, traduit de l'anglais par Mme H. Loreau. 2 vol.
Kingsley : *Il y a deux ans*, traduit de l'anglais par H. de l'Espine. 2 vol.
Kompert : *Nouvelles juives*, traduites de l'allemand par Daniel Stauben. 1 vol.
Lawrence (G. A.) : *Œuvres*, traduites de l'anglais par Ch. Bernard-Derosne. 8 volumes :
Frontière et prison. 1 vol.
Guy Livingstone ou à outrance. 1 vol.
Honneur stérile. 2 vol.
L'épée et la robe. 1 vol.
Maurice Dering. 1 vol.
Flora Bellasys. 2 vol.

Lennep (J. van) : *Les aventures de Ferdinand Huyck*, traduites du hollandais par Wocquier et D. Van Lennep. 2 vol.
— *La rose de Dekama*. 1 vol.
Longfellow : *Drames et poésies*, traduits de l'anglais par X. Marmier. 1 vol.
Ludwig (Otto) : *Entre ciel et terre*, traduit de l'allemand par A. Materne. 1 vol.
Manzoni : *Les fiancés*, traduit de l'italien par Giovani Martinelli. 2 vol.
Marsh (M^rs) : *Le contrefait*, traduit de l'anglais par L. Bochet. 1 vol.
Mayne-Reid : *La piste de guerre*, traduit de l'anglais par V. Boileau. 1 vol.
— *La quarteronne*, traduit par L. Stenio. 1 vol.
— *Le doigt du destin*, traduit par H. Vattemare. 1 vol.
— *Le roi des Seminoles*, traduit par B. H. Révoil. 1 vol.
Melville (G. J. Whyte) : *Les gladiateurs : Rome et Judée*. Roman antique traduit de l'anglais par Ch. Bernard-Derosne. 2 vol.
— *Katerfelto*, traduit par le même. 1 vol.
— *Digby Grand*, traduit par le même. 2 vol.
— *Kate Coventry*, traduit par le même. 1 vol.
— *Satanella*, traduit par le même. 1 vol.
Mügge (Th.) : *Afraja*, traduit de l'allemand par W. et E. de Suckau. 2 vol.
Nouvelles du Nord, traduites du Suédois, de A. Blanche, Frederika Bremer, J. L. Rudeberg, etc., par Léouzon Le Duc. 1 vol.
Ouida : *Ariane*, traduit de l'anglais par B. Buisson. 2 vol.
Pouchkine (A.) : *La fille du capitaine*, traduit du russe par L. Viardot. 1 vol.
— *Poèmes dramatiques*, traduits par I. Tourguéneff et L. Viardot. 1 vol.
Reade et Dion Boucicault : *L'île providentielle*, traduit de l'anglais par L. Bochet. 2 vol.

COLLECTION A 1 FR. 25 C. LE VOLUME.

Rentes (Jules) : *En l'année 1813. Épisode de la vie militaire des Français en Allemagne*, traduit de l'allemand par E. Zaya. 1 vol.

Sacher-Masoch : *Le Juge de Cahi, contes galiciens* traduits de l'allemand. 1 vol.
— *Le nouveau Job*. — *Le laid*. Nouvelles traduites par Mme Noémi Mangé. 1 vol.
— *A Kolomea, contes juifs et petits russiens*, traduits par A. C. Strebinger. 1 vol.
— *Entre deux fenêtres*. — *Servatien et Pancrace*. — *Le Castellan*. Nouvelles traduites par Mlle Strebinger. 2 vol.

Segrave (A.) : *Marmorne*, traduit de l'anglais par Ch. Bernard-Derosne. 1 vol.

Smith (J.F.) : *L'héritage* (Dick Tarleton), traduit de l'anglais par Ed. Scheffter. 3 vol.

Spielhagen (F.) : *Le mariage d'Ellen*, traduit de l'allemand par Mlle Heinecke. 1 vol.

Stephens (miss A. S.) : *Opulente et misère*, traduit de l'anglais par Mme H. Loreau. 1 vol.

Thackeray : *Œuvres*, traduites de l'anglais. 9 vol.
 Henry Esmond, par Léon de Wailly. 2 vol.
 Histoire de Pendennis, par Ed. Scheffter. 3 vol.
 La foire aux vanités, par G. Guiffrey. 2 vol.
 Le livre des Snobs, par G. Guiffrey. 1 vol.
 Mémoires de Barry Lindon, par L. de Wailly. 1 vol.

Tourguénef (I.) : *Mémoires d'un seigneur russe*, traduits du russe par E. Charrière. 2 vol.

Trollope (A.) : *Le domaine de Belton*, traduit de l'anglais par E. Dailhac. 1 vol.
— *La veuve remariée*, traduit par Mme veuve Ambroise Tardieu. 2 vol.

Trollope (A.) : *Le cousin Henry*, traduit par Mme Honorine Martel. 1 vol.

Trollope (M^{rs}) : *La pupille*, traduit de l'anglais par Mme Sara de la Fizelière. 1 vol.

Wichert : *Les perturbations.* — *Au bord de la Baltique*. — *Le vieux cordonnier*. Nouvelles traduites de l'allemand par Mlle H. Heinecke. 1 vol.

Wilkie Collins : *Le secret*, traduit de l'anglais par Old-Nick. 1 vol.
— *La pierre de lune*, traduit par Mme de Clermont-Tonnerre. 2 vol.
— *Mademoiselle ou Madame ?* 1 vol.
— *Mari et femme*, traduit par Ch. Bernard-Derosne. 2 vol.
— *La morte vivante*, traduit par le même. 1 vol.
— *La piste du crime*, traduit par C. de Cendrey. 2 vol.
— *Pauvre Lucile !* 2 vol.
— *Cache-cache ou le mystère de Marie Gryce*, traduit par C. de Cendrey. 2 vol.
— *Le spectre d'Yago*. — *La mer glaciale*. — *La femme des rêves*. Nouvelles traduites par le même. 1 vol.
— *Les deux destinées*, traduit par A. Hédouin. 1 vol.
— *L'hôtel hanté*, traduit par Henri Dallemagne. 1 vol.

Wood (Mrs H.) : *Les filles de lord Oakburn*, traduit de l'anglais par L. Bochet. 2 vol.
— *Le serment de lady Adélaïde*, traduit par le même. 1 vol.
— *Le maître de Greylands*, traduit par le même. 1 vol.
— *La gloire des Verner*, traduit par de l'Estrive. 2 vol.

Zschokke : *Addrich des mousses*, traduit de l'allemand par W. de Suckau. 1 vol.
— *Le château d'Aarau*, traduit par W. de Suckau. 1 vol.

Paris. — Typ. PILLET et DUMOULIN, 5, rue des Grands-Augustins.

www.ingramcontent.com/pod-product-compliance
Lightning Source LLC
Chambersburg PA
CBHW051859160426
43198CB00012B/1675